KB251083

무가치함의 심리학

무가치함의 심리학

초판 1쇄 발행 2026년 5월 10일

지은이 네모토 기쓰오
옮긴이 최주연
펴낸이 한승수
펴낸곳 문예춘추사

편집 구본영
디자인 이새봄
마케팅 박건원, 김홍주

등록번호 제300-1994-16호
등록일자 1994년 1월 24일
주소 서울특별시 마포구 동교로 27길 53, 309호
전화 02 338 0084
팩스 02 338 0087
메일 moonchusa@naver.com

ISBN 978-89-7604-806-6 03180

무가치함의 심리학

무가치하다는 감정과 싸우는
이들을 위한 심리 처방전

네모토 기쓰오 지음 | 최주연 옮김

문예춘추사

누구나 자신에게 가치가 있다고 생각하고 싶어 한다. 우리는 가치 있는 사람이 되려고 노력하고 자신의 가치가 부당하게 훼손되는 일에는 저항한다. 그런 태도가 우리를 성장케 하며 그 성장은 사회적 기여로도 이어진다.

그러나 살아가다 보면 자신이 가치 있는 사람이라는 믿음이 흔들리는 순간을 마주한다. 그런 경험의 반복을 통해 자신에게는 가치가 없다고 느끼는 감각 또는 생각이 바로 무가치감이다.

자신이 무가치하다는 생각은 누구에게나 견디기 힘들다. 그래서 무가치감에 괴로워하는 사람은 자신에게 가치가 있다는 실감을 얻는 데 집착한다. 자기 자신으로 있기보다 자신이 가치 있는 사람이라는 것을 타인에게 증명하는 데만 매달린다. 남보다 열심히 해야 하고, 남보다 좋은 사람이어야 하고, 남보다 뛰어나야 한다는 생각에 사로잡혀서 삶이 버거워진다.

이 책은 무가치감이 무엇인지 이해하고 무가치감에서 벗어나는 대처법을 다룬다. 무가치감은 그 사람의 삶의 방식 그 자체와 깊은 관련이 있다. 마음가짐을 조금 바꿔서 극복할 수 있는 사소한 성질의 것이 아니다. 외면을 꾸미는 것도 해결책이 될 수 없다.

자기 자신을 '진정한 나'로 성장시키는 일, 이로써 자기 내부의 힘을 실감하는 것. 이런 경험이 쌓이면 무가치감은 자연스레 극복된다.

나는 심리학자로서 단지 사람의 마음을 객관적으로 분석하는 일만으로는 만족할 수 없었다. 정작 내 안의 괴로움을 없애고 평안과 즐거움을 얻으려면 어떻게 해야 하는지, 나의 마음을 분석해서 알아보는 것이 사실상 내 심리학 연구였다. 이 책은 이러한 나의 경험을 바탕으로 한 것이다.

나의 글이 사는 것이 버거운 사람의 마음에 닿아 조금이나마 그들 삶의 결을 바꾸는 데 도움이 되기를 바라며 이 책을 썼다. 이 바람이 이루어진다면 더없이 행복하겠다.

차례

머리말 • 4

제1장
왜 사는 게 버거울까

삶을 버겁게 만드는 무가치감 • 13

책임감이 강한 노력가 | 타인과 비교한다 | '자기 자신'이 없다 |
상처받기 쉬운 마음 | 소극적 사고 | 몸 상태가 좋지 않다

사람은 자신의 가치를 실감하고 싶어 한다 • 24

자기긍정감과 자기가치감의 차이 | 기저적 자기가치감 |
상황적 자기가치감 | 아들러가 말하는 '인생 최고의 법칙' |
무가치감을 메우려는 시도

제2장
무가치감에 휘둘리는 사람

살아갈 자신이 없는 청소년들 • 37

'열여덟 살 생일 전에 죽고 싶다' | 상처받는 사춘기 마음 |
살아 있어도 죽은 것이나 마찬가지

'자기 자신'이 없는 나 • 44

엄격한 양육 환경 | 어머니의 꿈을 짓밟다 | 무가치감과 고립 |
온라인 게시판과 자기 존재 | 자신에게 상처 준 사람을 벌하다

어머니의 저주 같은 속박 • 54

완벽을 요구받다 | 내가 아닌 나를 연기하다 |
스스로 인생에 가치를 부여하다 | 우울증과 자해 행동 그리고 회복

제3장
무가치감을 불러오는 것

민감하게 타고난 사람 • 66

부모의 애정과는 무관한 문제 • 69

'무력한 존재', '못난 존재'라는 메시지 • 73
지나친 보호와 간섭의 영향 | 아이를 이끈다는 위태로운 도취감 |
상냥하고 착한 아이의 비극 | 조기 교육은 헛수고?

성장한 후 자신감을 잃는 경우 • 80
① 열등하다고 느끼는 경험 ② 학교 폭력 ③ 실패와 좌절
④ 외모와 관련된 경험 ⑤ 배신당한 경험 ⑥ 가정 폭력과 직장 내 괴롭힘
⑦ 성격에서 비롯된 경험

불행은 자신의 작품 • 96
자기가 선택한 자기 자신 | 자신의 인생은 자기가 만든다

제4장
무가치감을 극복하는 삶의 관점

존재 자체의 가치를 확인한다 • 103
생명의 연결 | 타인과의 연결

자기 자신을 사랑스러워하는 마음 • 107
내면적 자아와 외면적 자아 | 그저 웃기만 해도 가치가 있다

도망치지 않고 행동해보기 • 112
자아 찾기의 함정 | 서두르지 말고 한 걸음씩

제5장
내 안의 '어린아이'에게 작별을 고하다

이제는 무력하지 않다 ◆ 117

정체성 확립과 무력감 | 어린아이의 무력감을 투영하다 |
상처받은 경험과 무력감

자신의 존재가 미안해지는 이유 ◆ 121

과도한 죄책감은 어린 시절 마음의 잔재 |
자가증식하는 죄책감 | '착한 아이'에서 벗어나기

'특별한 존재'이길 바라는 마음 다루는 방법 ◆ 126

자의식과잉은 거만한 자기중심적 사고 | 뛰어났던 과거에 얽매이다 |
'특별해야 한다'는 속박에서 벗어나기

무엇에 사로잡혀 있는지 알면 편해진다 ◆ 130

금지 명령으로 자각하기 | 의식하면 마음이 가벼워진다 |
가만히 되뇌기만 해도 힘이 나는 셀프 토크법

제6장
인생 설계라는 마법 지팡이

일상에 희망과 보람을 만들다 ◆ 139

살아갈 용기를 주는 인생 설계 ◆ 140

반응적으로 살아가는 삶, 자아를 실현하는 삶 | 행복한 인생의 조건

공연한 욕심을 덜어내면 지치지 않는다 ◆ 145

꿈을 일상생활 속에 녹여 넣기 • 148

오래 품어온 꿈 | 꿈을 실현하는 시간 계획 | 구체적인 설정법

실제로 만들어보기 • 153

인생 구획을 나눈다 | 재검토도 필요하다

제7장
일을 통해 진정한 자신감 얻기

일을 자아실현 수단으로 삼는 방법 • 158

소거법으로 정한다 | 일에도 인생 설계를 적용한다 |
일이 곧 꿈의 실현인 사람 | 일과 꿈이 별개인 사람

'정말 이대로 괜찮은 걸까?' 고민 처방전 • 167

30대 전환기 | 놓지 못한 꿈을 다루는 법 | 40대 이후 삶이 편하려면

스트레스 없는 직장 생활을 위한 요령 • 172

창조적 무능 | 직장 내 심부름꾼 되지 않기 | 깔끔하게 정리할 줄 아는 자세

직장에서 좌절했을 때 유용한 심리 기법 • 177

감정의 세 가지 편향 떠올리기 | 감정 쏟아내기 |
긍정적 이미지로 기분 전환하기 | 셀프 토크로 기운 내기 |
인생 설계로 희망 찾기 | 복식 호흡으로 마음 가라앉히기 |
자율훈련법으로 몸과 마음을 편안하게

최악의 사태를 각오한다 • 192

회사 가기가 무서울 때 | 때로는 패배자가 되어도 좋다

제8장
타인을 소중히 하면 행복해진다

친구와 멘토가 인생에 가치를 더한다 ◆ 197
친구는 적어도 된다 | 인생 전환점을 만드는 멘토와의 만남

무가치감이 애정을 왜곡한다 ◆ 200
인생에서 가장 중요한 것은 사랑을 키워가는 노력 ◆ 204
애착 유형 파악하기 ◆ 205
애착의 세 가지 유형 | 문제 대처 방식

행복한 애정 관계를 구축하는 법 ◆ 210
현실적일 것 | 사랑은 수고로움을 수용하는 것 | 경쟁하지 않는다

감사하는 마음이 세상을 바꾼다 ◆ 214
평범한 일상이지만 | 용서할 수 없는 남편이었는데 | '즐거운 매일' 만들기

제9장
즐기는 일에 죄책감을 느끼는 사람에게

쾌락은 나쁜 것? ◆ 220
금지된 쾌감 | '지금, 여기'를 살지 못한다

왜곡된 쾌감 ◆ 223
쾌락적 충동의 퇴행 | 의존증 | 반도덕적 행동과 마조히즘

성숙한 어른의 조건 ◆ 227

쾌감과 행복의 밀접한 관계 | 동심으로 돌아가는 마음

기다려지는 시간 만들기 ◆ 230

제10장
자신을 신뢰한다

외면되는 감각과 감정 ◆ 233

억지로 웃는 괴로움 | 감정은 숨기는 편이 낫다? |
감정 억제는 외부 세계에 대한 복종

에너지를 자신의 행복을 위해 쓰기 ◆ 239

쾌락과 행복을 얻기 위해 | 감정 왜곡이 고통스러운 노력을 낳는다 |
타인의 평가가 자기 가치가 되는 사람 |
자기 내면에서 비롯된 목표에 의지와 노력을 집중한다

자기 감각을 신뢰한다 ◆ 245

① '좋고 싫음'을 파악하는 데서 시작하기 ② 주어 의식하기
③ 느낌과 생각 언어화하기 ④ 과감하게 퇴행해보기
⑤ 신체 감각으로 감정 의식하기 ⑥ 감정의 자각과 행동

자기 신뢰의 행동을 쌓아간다 ◆ 251

있는 그대로의 모습을 유념한다 | 부정적 사고를 긍정적으로 바꾸는 방법 |
칭찬을 순수하게 받아들이기 | 작은 성공을 쌓아간다

맺음말 ◆ **261**
참고 문헌 ◆ **264**

제1장

왜 사는 게
버거울까

열심히 사는데도 삶이 버겁다.
성실해서 살아가는 것이 힘들다.
이런 느낌의 밑바닥에는 무가치감이 자리한다.
무가치감에서 비롯된 '가치 있는 사람이 되어야 한다'는 생각이 스스로를 고
된 노력으로 몰아넣는다.

$$\bullet\ \bullet\ \bullet$$

삶을 버겁게 만드는
무가치감

책임감이 강한 노력가

S는 업무를 부탁받으면 거절하는 법이 없고 맡은 일은 확실히 해낸다. 주변의 신뢰를 받으며 성가신 업무를 떠맡는다. 인간적인 면이나 능력 면에서 두루 신뢰받는다는 만족감은 있으나, 책임이 너무 무겁다고 느낀다. 하지만 할 사람이 달리 없나 둘러봐도 맡을 만한 사람이 없으면 결국 '내가 하는 수밖에'라고 생각하며 받아들인다.

S와 협업할 일이 많은 후배 T는 정반대다. '요령 좋은 인간'이라는 유형이 있다면 그야말로 그 대표라 할 만하다. T가 맡았던 업무 가운데 몇 가지는 어느샌가 다른 사람에게 넘어갔다. T는 자기에게 유리한 상황으로 만들고 일을 자연스럽게 넘기는 데 능숙하다. T의 교묘한 솜씨의 가장 큰 희생자는 물론 S다. 회사 동료라기보다 마치 언니가 여동생 뒤치다꺼리를 하는 것처럼 보인다.

S도 솔직히 화날 때가 있다. 그러나 후배인 T의 그런 교묘함을 용인하고 길러온 것도 결국 자기 자신이라는 자

각이 있다. T가 신입사원으로 입사할 때부터 번거로운 일은 T에게 돌리지 않고 S가 혼자 처리해왔다. 현재의 관계는 그 연장선에 있다.

두 사람의 관계 방식은 S의 사생활과 판박이다. 장녀인 S는 감정적으로 미숙한 어머니와 동거하며 오랜 기간 어머니를 돌봐왔다. 그러나 예전부터 어머니는 한결같이 여동생을 더 예뻐한다. 어리광쟁이 동생과는 반대로, S는 어리광이나 애교가 서툴다.

학창 시절에도, 예를 들어 "뒷정리 도와줄 수 있는 사람은 남아주세요"라고 당번이 말하면 다들 재빨리 가버리는데 S는 남아서 도왔다. 책임감이 강하다고 해야 할지, 자유롭게 행동하지 못한다고 해야 할지, 어릴 때부터 그랬다.

회사에서 신뢰받고 중요한 업무를 맡는 것은 자신감과 만족감을 느끼게 한다. 실제로 언제나 해내기 때문에 성취감도 있다. 하지만 주변 신뢰를 받아 자기 가치를 느끼기 위해 무리하고 있다는 생각도 있다. 누군가 다른 사람에게 일을 맡기면 '내가 아니어서 다행이다' 하고 안도하는 동시에 자신이 낮게 평가받았다는 느낌이 든다.

자기 존재 자체에 가치가 있다고 느낄 수 있다면, 남

보다 곱절로 애써야 하는 특별한 존재가 될 필요는 없을 것 같다.

타인과 비교한다

무가치감이 강하면 다양한 상황에서 타인과 자신을 비교하게 된다. 우열이 자신의 존재 가치와 직결되기 때문이다. 누구나 무심코 타인과 비교할 때가 있고, 자기보다 나은 사람을 부러워하는 마음이 생기기도 한다. 이때 자기 가치감이 확고한 사람은 상대의 장점을 인정하고 칭찬하며 자신의 성장을 다짐하는 건설적인 방향으로 의식이 향한다. 하지만 무가치감이 강한 사람은 자신이 뒤처졌다는 점에 과도하게 집착하며 자신을 부정하는 쪽으로 마음이 향한다.

비교 대상은 주변 사람에 국한되지 않는다. 유명한 운동선수, 연예인, 아이돌처럼 특별히 뛰어난 사람과도 무의식중에 경쟁한다. 그래서 텔레비전을 볼 때도 그들의 훌륭한 기량이나 아름다움을 순수하게 즐기지 못한다.

자기 자신에 대한 부정적 태도는 자기 사진이나 작품으로도 번져간다. 무가치감에 사로잡힌 아이는 자기가 찍힌 사진을 좋아하지 않고, 학교 과제로 완성한 작문이나 그림, 공작물을 눈에 띄지 않는 곳에 숨겨버린다. 이런 사람은 자기 내면에 민감해서 끊임없이 타인과 비교하는 자기 자신에 강한 혐오를 느낀다. 친구의 결혼 소식에 축하하는 마음보다 질투가 앞서는 자신에 당혹스러워하며 자기 혐오에 빠진다.

남보다 열등한 것, 남에게 지는 것은 커다란 고통이 되므로 승부를 내는 게임이나 경쟁을 피하려 한다. 그래서 비교와 경쟁은 자기 내부에 머무른다.

그러나 그중에는 실제로 타인과 경쟁하려는 행동이 눈에 띄게 나타나는 사람도 있다. 이런 경향은 특히 남성에게서 두드러진다.

A는 활동적이며 어떤 이야기에든 끼어든다. 그의 말에는 언제나 자랑이 깔려 있고 지식을 뽐낼 때면 유난히 우쭐댄다. 자기 잘못이나 패배를 절대 인정하려 하지 않는다. 다른 사람이 칭찬을 받거나 성과를 냈을 때는 곱게 보지 못하고 언제나 비꼬거나 깎아내린다.

이런 사람은 얼핏 자신감이 충만한 듯 보이지만, 사실은 무가치감 때문에 자신을 우위에 두지 않으면 심리적 안정을 유지할 수 없는 것이다.

'자기 자신'이 없다

우리는 성장 과정에서 정도 차이는 있지만 누구나 본래의 자신을 억누르고 주위에 적응하여 주변 사람들 마음에 들도록 자신을 형성한다. 이를 나는 '보상적 자아'라 부른다. 자기 감정이나 욕구보다도 상대 감정이나 기대, 요구에 부응하는 것을 우선하는 모습이다. 무가치감이 강한 사람일수록 보상적 자아 역시 견고하게 형성된다.

심리학을 공부하는 학생들에게 자신의 마음을 돌아보고 생각한 바를 써보게 했는데, 한 학생이 다음과 같이 썼다.

"다른 사람은 속이 가득 차 있는데 나는 텅 비어 있다. 다른 사람은 자기 경험에서 우러난 말을 하고 자기 생각을 분명히 가지고 있다. 저마다 좋아하는 세계가 있고 내가 모르는 것들을 알고 있다. 하지만 나는 딱히 좋아하는 것도 잘하는 것도 없다. 남들에게 꺼내놓을 만한 이야깃거리도 없다. 내가 하는 모든 말이 나 자신과 연결되지 않은, 마치 어딘가에서 빌려온 말처럼 느껴진다. 친구와 대화할 때는 '이 사람은 어떤 말이 듣고 싶을까', '내가 어떤 반응을 보여야 좋아할까'라고 생각하게 되어 '나 자신'이 사라져버린다.

타인에 대한 강박적인 배려로 확고한 자신을 만들지 못한 사람은 자신을 깎아내림으로써 주위에 받아들여지려 하는 일이 있다. 자신의 실패나 못난 점을 이용해서 타인을 웃기려 하거나 자기 내면을 과도하게 드러내는 경우가 이에 해당한다. 그러나 그것이 상황에 어울리지 않거나 너무 갑작스러워서 오히려 겉돌게 되고, 결국 당사자는 자기기만이나 굴욕감으로 상처받는다. 이런 경험이 무능감과 무가치감을 강하게 만드는 악순환이 된다.

또, 무가치감이 강하면 타인의 호의를 과대평가하여 커다란 부채로 느낀다. 그래서 상대가 민망해질 정도로 거듭 고마움을 전한다. 하지만 상대는 자기는 대단한 일을 하지 않았다고 생각하기에 그 모습에서 비굴하다는 인상을 받는다. 무가치감이 강하다는 한 학생은 이렇게 표현했다.

다. 예를 들어, 같이 있는 친구 기분이 안 좋아 보이면 내가 뭔
가 잘못해서 친구 기분을 상하게 한 것 같아 침울해집니다.”

이런 사람은 자기 감정이나 욕구보다 타인을 우선하
므로 타인에게 지배 또는 이용당하기 쉽다. 그래서 인간
관계에서 상대에게 원망받거나 유린당한다고 느끼며 굴
욕감 따위를 품고 있는 경우가 많다.

상처받기 쉬운 마음

마음에 무가치감을 품고 있는 사람일수록 상처받기 쉽다.
‘상처받는다’의 본질은 자신에게 가치가 있다는 감각이
침해되는 것이다. 한 여대생은 다음과 같이 썼다.

“내가 대하기 힘들다고 느끼는 친구들은 대부분 자기가치감
이 낮다. 금방 상처받거나 피해망상이 강해서 어울릴 때 여러
모로 신경이 쓰인다.”

상처받는다는 점에서 보자면, 무가치감 자체가 마음
의 상처(트라우마)라고도 할 수 있다. 지나칠 정도로 동요
하는 이유는 마음의 상처가 자극받기 때문이다.

이를테면 상사에게 주의를 받으면 어린 시절 부모에게 혼나거나 거부당했을 때의 감정이 무의식적으로 되살아나 부정적인 감정이 증폭된다. 업무에서 실수했던 경험이 상처로 남았다면 그때의 감정과 연결되어 필요 이상으로 혼란스러워한다.

특히 타인에게 '해이한 사람'이나 '무책임한 사람'이라고 인격적인 지적을 받으면 깊이 상처받는다. 이런 부분은 사실 누구에게나 마음 짚이는 데가 반드시 있기 마련이고 이를 부정하는 객관적 기준도 존재하지 않기 때문이다.

소극적 사고

어린이집이나 유치원을 방문하면 아이들이 우르르 몰려와 살갑게 말을 건다. 그런데 관심은 있지만 멀찌감치 떨어져서 보기만 하는 아이도 있다. 자기가 받아들여질 것이라는 확신이 없어서 다른 아이들처럼 행동하지 못하는 것이다. 이처럼 어린 시기부터 자기가치감 정도에 따라 다른 행동이 나타난다.

무가치감을 자기 과시적 행동으로 보상하려는 사람도 있으나, 무가치감이 강하면 대부분은 소극적으로 생각하고 행동하기 쉽다. 상처받을지도 모르는 상황을 피하기 위해서이기도 하지만, 그뿐만이 아니라, 무가치감의 직접적인 산물인 경우도 많다. 이를테면 자기 생각에 대한 확신과 무게가 없어서 회의에서 발언하지 못하고, 자기가 나서면 사람들에게 피해를 줄까봐 겁이 나서 단체 활동에 참여하지 않는 식이다.

'상대에게 환영받을 정도의 가치가 있는 사람'이라는 자기 신뢰가 없으므로 '내가 호의를 보이면 상대가 불편해하지 않을까?'라며 행동을 주저한다. '내가 들어가서 분위기를 망치면 어쩌지?'라고 생각하며 초대를 거절한다.

외부 세계를 배려해서 소극적으로 사고하다 보면 머릿속이 그런 생각으로 가득 차버린다. 이른바 '생각이 지나치게 많은 사람'이 되어 자신에게 일어나는 모든 일이 난해하게 느껴진다. 외출을 한번 하려고 해도 어떤 옷을 입어야 할지, 무슨 구두를 신어야 할지, 우산을 챙길지 말지, 점심은 어떻게 할지 이것저것 고민하느라 마음이 무거워진다.

자기 가치를 믿지 못하면 최대한 눈에 띄지 않도록, 타인에게 방해가 되지 않도록, 책임져야 할 상황이 벌어지지 않도록 행동하는 데 온 신경을 집중한다. 이로써 무가치감을 더욱 강화하는 사태와 조우한다.

"전철에서 초등학교 여학생쯤 되는 아이의 가방이 문에 끼었
다. 주변 사람들은 재빨리 문이 닫히지 않게 막거나 아이를 안
심시키는 말을 건넸지만, 바로 옆에 있던 나는 그저 지켜보고
있을 수밖에 없었다."

"아르바이트하는 식당에서 손님이 접시를 깼을 때 나는 당황
해서 깨진 접시 파편을 손으로 줍다가 다치고 말았다. 다른 아
르바이트생은 차분하게 손님에게 말을 건네며 빗자루와 쓰레
받기로 뒷정리를 했다. 손이 다친 나는 결국 그 후에도 간단한
일밖에 하지 못해서 비참한 기분이 들었다."

몸 상태가 좋지 않다

무가치감은 신체적 증상을 불러오기도 한다. 원래 어린아
이에게 걱정이나 불안은 복통이나 두통의 동의어인 경우
가 많다. 수영을 싫어하는 아이는 수영 수업이 있는 날이
면 복통과 두통, 발열을 호소한다. 시험이 스트레스인 아
이는 시험 날 아침 구토를 한다.

그 정도로 직접적이진 않지만 어른에게도 똑같은 메

커니즘이 작동한다. 나는 30대, 40대에 십이지장궤양에 시달렸다. 학회 발표나 원고 마감일이 다가오면 속이 쓰렸다. 그런데 그런 일정이 지나가면 어느샌가 통증도 사라졌다.

무가치감이 강하다는 것은 늘 몸과 마음에 스트레스를 안고 살아간다는 뜻이다. 그런데 무가치감은 이런 심신에 한층 더 부담을 주는 행동을 선택하게 한다. 무가치감에서 비롯되는 소극성은 기분 전환 행동을 억제하는 경향이 있다.

자율신경계, 면역계, 호르몬계 등 신체적 균형이 무너져 다양한 증상이 나타나고 질병에 걸릴 가능성도 커진다.

아이에게 '몸이 아픈 것'은 부모의 애정을 얻는 수단이 되기도 한다. 맞벌이 가정에서 아이는 아프면 유치원에 가지 않아도 되고 어머니나 아버지가 회사를 쉬고 간호해준다. 학생이 아프면 그때만큼은 열심히 공부하지 않아도 되고 혼나지도 않는다. 어른 중에도 신체적 증상이 심적 괴로움으로부터 자신을 지키는 수단이 되어버리는 일이 있다.

‧ ‧ ‧

사람은 자신의 가치를
실감하고 싶어 한다

자기긍정감과 자기가치감의 차이

자신에게 가치가 있다고 느끼는 감각을 자기가치감이라
고 한다. 타인과 비교해서 열등한 점이 있어도, 미숙한 점
이 있어도 자기 자신에게는 무조건적 가치가 있다고 믿는
감각이다.

매슬로, 아들러, 로저스, 메이 등 인간 심리학을 연구
한 학자들뿐만 아니라 인간 심리를 깊게 이해하고자 하
는 사람이면 누구나, 어떤 용어를 사용하든, 자기 가치
에 대한 감각·감정·의식을 다루지 않을 수 없다. 이것
을 'self-esteem'이란 표현으로 실증적 연구의 주제로 삼
은 사람이 로젠버그(Morris Rosenberg)와 쿠퍼스미스(Stanley
Coopersmith)다.

'self-esteem'은 자존감, 자존심 등으로 번역되는데,
자기가치감이 중심핵을 이룬다는 점에서는 공통되지만
연구에 따라 자기평가의 높이, 자기효능감이나 자신감,
열등감이 없는 것, 동정을 거부하는 태도 등 다양한 개념

을 포함한다. 일본에서 자존심은 사전적으로 '자존의 마음. 특히 자기 존엄을 의식·주장하고 타인의 간섭을 받지 않고 품위를 지키려는 심리·태도'로 정의된다(《고지엔 제6판》). 이 정의를 심리학 용어로 사용하기에는 의미가 너무 넓고 모호하다.

개념의 의미를 명확히 하고자 이 책에서는 자기가치감(sense of self-worth)이라는 용어를 사용한다. 일본에서 자기가치감을 가장 먼저 중심 개념으로 다룬 책은 시나가와 후지로의 《아이가 의욕을 낼 때, 포기할 때―자기가치감의 심리학(子どもがやる気をおこすときヤケをおこすとき―自己価値感の心理学)》(1983)이다. 그 후 내가 《자신감이 생기지 않는 이유―자기가치감의 심리학(なぜ自信が持てないのか―自己価値感の心理学)》(2007)에서 자기가치감을 전면에 내세워 구체적으로 서술한 바 있다.

현재 일본 교육과 임상 현장 등에서 자기긍정감이라는 용어가 흔히 쓰이는데, 자기가치감은 그 기반이 되는 것이며 자기 자신에 대한 가장 근원적 감각이라 할 수 있다.

우리는 자신의 가치를 항상 의식하며 살아가지는 않는다. 주변 사람의 온정에 둘러싸여 있다고 느낄 때나 하나의 인격적 존재로 존중받는다고 느낄 때, 또는 큰일을 해냈을 때 행복감, 성취감, 충실감 등과 함께 자기가치감을 체험한다.

사실 자기가치감은 오히려 그것이 위협받을 때 자기무가치감(이하 무가치감)으로 체험되기 쉽다. 실연하거나, 일에서 실패하거나, 남보다 못한 부분이 명확해지거나, 무시당하거나, 자신을 거짓으로 꾸미게 되었을 때와 같은 상황이다. 무가치감은 불안감, 고독감, 무력감, 무능감, 굴욕감, 열등감 같은 감정과 밀접하게 연결되어 있다. 자기가치감이 희박한 사람일수록 무가치감을 강화하는 상황을 더욱 빈번하게 겪는다.

기저적 자기가치감

오스트리아의 심리학자인 프로이트(Sigmund Freud)가 이미 100년 이상 전에 밝힌 바와 같이, 인간의 마음은 때때로 표층과 심층이 일치하지 않는다. 경악할 만한 범죄를 저지른 범인이 체포되었을 때 우리는 이를 실감한다. 범인의 주변 사람들은 종종 "저 사람이 그런 짓을 했다고요? 도저히 믿기지 않아요"라고 말한다.

자기가치감에서도 심층에 깔려 있는 기저적 자기가치감과 표층의 상황적 자기가치감을 구별해서 파악할 필요가 있다. 기저적 무가치감을 보상하려고 표층의 상황적 자기가치감을 비대화하는 경우가 많기 때문이다.

기저적 자기가치감은 영유아기 때부터 형성되어 아동기 중기에는 확립된다. 그 형성 조건은 한마디로 말하자면, 충분한 애정과 적절한 양육 환경이다.

여기서 말하는 애정은 부모가 자녀에게 가지는 감정만으로는 충분치 않다. 학대하는 부모조차 아이를 사랑하기 때문에 훈육하는 것이라고 주장하므로, 확고한 자기가치감을 기르려면 부모의 애정 있는 양육이 다음 세 가지 조건을 충족해야 한다.

① 아이가 안심할 수 있다.

안심감이야말로 아이 성장에 필요한 기본 조건이다.

② 아이가 '적합성'을 가진다.

적합성이란 아이가 외부 세계와 잘 맞는다고 느끼는 감각이다. 아이 내면에 즉각 응답하는 양육이 이루어질 때 얻는 것으로, 그렇지 않은 경우, 아이는 위화감을 느껴 자기 자신과 외부 세계를 의심하게 된다.

③ 아이가 '자신은 부모에게 무조건 환영받는 존재'라고 느낀다.

자신의 존재 자체를 부모가 기뻐하면 아이는 자신의 가치를 의심

없이 받아들인다.

반대로, 기저적 무가치감은 애정이 결여된 양육 또는 애정은 있으나 적절치 않은 양육으로 형성된다. 이는 자신과 외부 세계의 어긋남을 많이 체험하는 양육 환경을 말한다. 이런 환경에서 아이는 자신이 어딘가 잘 맞지 않는 존재라 느끼며 충분한 안심감을 얻지 못한다. 부모에게 조건 없는 환영을 받는다고 실감할 수가 없다.

물론, 매우 어린 시기에는 이런 마음의 움직임이 무의식적으로 일어난다. 무의식에서 일어나는 만큼 뇌리에 강렬하게 새겨져 인격이 형성되는 기초가 된다.

확고한 자기가치감이 형성된 아이는 자신과 타인을 신뢰하고 외부 세계가 자신을 받아들여줄 것이라 믿는다. 그러므로 자기 감정과 욕구를 솔직하게 표현하고 외부 세계로 나아갈 수 있다. 이런 능동적 행동이 외부 세계에 대한 적응력을 발달시키고 자기 자신과 외부 세계에 대한 신뢰감을 한층 강화한다. 자신을 둘러싼 세계에 점점 더 매력을 느끼고 생활은 즐거움과 흥미로움으로 가득 찬다.

이에 비해, 자기가치감이 희박한 아이는 자기를 둘러

싼 외부환경을 신뢰할 수가 없고, 외부 세계에 솔직하게 다가가기를 주저한다. 그러므로 이와 관련된 능력이 제대로 발달하지 못한다. 이런 아이에게 외부 세계는 위협이며 어떤 일에서든 즐기는 것보다 자신을 지키는 것에 의식이 쏠린다.

상황적 자기가치감

상황적 자기가치감은 의식성이 강해지는 아동기 이후 형성되어 사춘기, 청년기, 성년기, 노년기를 거쳐 형성과 변용이 이루어진다.

상황적 자기가치감이 형성되는 요인은 크게 세 가지로 나뉜다.

① 타인과의 교류

타인으로부터 사랑받고, 존중받고, 수용되는 경험은 자기가치감을 높인다. 그중에서도 깊게 마음을 나누는 우정이나 연애, 멘토와의 만남 등은 무가치감으로 괴로워하는 청년이 기저적 무가치감을 수정하는 데 지대한 영향을 주기도 한다. 자포자기적 행동을 반복하던 젊은이가 존경할 만한 선배를 만나 새 삶을 찾거나, 마음을 기댈 수 있는 연인을 만나 다시 살아갈 희망을 얻는 등의 사례는 드물지 않다.

② 타인의 인정

주목받고, 칭찬받고, 존경받고, 동경의 눈길을 받는 일은 나이와 상관없이 누구에게나 기분 좋은 일이며 우리는 그것을 바라며 노력한다.

어느 아나운서는 국어책을 소리 내 읽었을 때 선생님께 칭찬받은 일을 계기로 아나운서의 꿈을 키웠다고 한다. 한 배우는 재미난 말로 학급의 인기인이 되어 자신감을 얻고 배우의 길로 들어섰다고 한다. 이와 비슷한 이야기는 여러 분야에서 찾을 수 있다.

예전에 나는 한 수업에서 매시간 작은 과제를 내주고 다음 시간에 코멘트를 써서 돌려줬다. 시큰둥한 태도로 수업에 의욕이 없는 학생이 있었는데 어느 날 '흥미로운 지적이네' 하고 리포트에 칭찬을 써서 돌려주자 다음 주부터 수업 태도가 달라졌다. '공부가 힘들다'고 말하던 학생에게 '여기가 전보다 좋아졌네'라고 과제마다 코멘트를 남겼더니 점점 실력이 늘고 적극적으로 임하게 되어 졸업 후에는 교사가 되었다.

③ 자신의 힘이 세졌다는 자각

신체적 발달과 그에 따른 매력 증가, 능력 향상, 무언가를 해내거나 경쟁에서 이기는 등의 성공체험은 자신감을 불러오고 자기가치감을 높인다.

청년기에 운동이나 다른 특기 분야에 철저하게 몰두한 경험은 '하면 된다'는 자신감을 형성한다. 성인기에 들어설 때 어느 정도 업무상 성공을 경험하면 앞으로 인생을 헤쳐나갈 수 있다는 현실적인 자신감과 자기가치감을 가질 수 있다.

<표1> 자기가치감 구조

아동기가 되면 타인의 평가와 인정이 자기가치감에 작용한다. 친구나 주변 사람과의 연결을 강화하고 그런 사람들의 평가와 칭찬을 바라며 행동하게 된다. 또, 자신의 행동이나 성과에 따른 자기평가 자체가 자기가치감에

영향을 주기도 한다. 자기평가를 높이기 위해 능력을 발휘하며 가치 있는 성과를 거두고자 노력한다. 이러한 자기가치감의 원천이 균형적으로 기능하면 건전하고 안정적인 자아가 만들어진다.

아들러가 말하는 '인생 최고의 법칙'

오스트리아 정신분석가 아들러(Alfred Adler)는 자기가치감을 훼손하지 않는 것을 인생 최고의 법칙으로 꼽는다. 자기 가치를 높이고 싶은 욕구는 인간으로서 가장 기본적이고 강력한 것이다.

우리는 의식적으로 또 무의식적으로 자기가치감을 획득하고 유지하고 향상하려 한다. 사랑하고 사랑받는 관계를 원하며 사랑을 키워가려고 한다. 자기 능력을 키워 성장하려고 노력한다. 부모나 교사, 친구, 사회로부터 인정받으려고 애쓴다.

때로 자기가치감은 목숨과 맞바꿀 정도의 무게를 지닌다. 이를테면 괴롭힘을 당해서 목숨을 끊고 싶을 정도로 힘든데도 그 사실을 부모에게 호소하지 못하는 아이가 있다. 괴롭힘당하는 한심한 자기 모습을 부모가 아는 것을 원치 않기 때문이다. 자신의 무가치함을 확인하는 상황을 견딜 수 없는 것이다. 부모에게 심한 학대를 받는 아이도 그 부모를 감싼다. 부모에게조차 사랑받지 못한다는 사실을 받아들이는 것은 감당하기 힘든 무가치감을 불러오기 때문이다. 아이만이 아니다. 치욕으로 자기가치감에 상처를 받으며 살아가는 것보다 죽음을 선택하는 어른도 있다.

무가치감을 메우려는 시도

인간은 기본적인 욕구가 충족되지 않으면 그 욕구에 과도하게 집착하게 된다. 자기가치감 욕구도 마찬가지다. 그것이 채워지지 않으면 강박적인 자기가치감 욕구가 형성된다. 기저적 무가치감이 강한 사람일수록 다른 사람에게 인정받기를 바라며 주목받고 사랑받는 데 집착한다. 그래서 남들보다 몇 배의 노력과 자기희생적 태도가 몸에 배는 경우가 많다.

이처럼 마음 깊은 곳에 무가치감을 숨겨놓은 채, 끈질기고 강인한 노력으로 잠재능력을 120퍼센트 발휘하기도 한다. 존경받는 삶의 방식으로 숭고하게 살아가는 사람도 적지 않다. 또 이런 심리적 특성 때문에 의료나 복지, 교육 분야를 선택하는 사례도 많다.

다만, 강한 무가치감이 이런 형태로 나타나려면 적절한 환경과 걸맞은 능력이라는 전제가 필요하다. 이런 조건이 갖춰지지 않으면 강박적인 자기가치감 욕구가 굴절된 형태로 표현된다. 이를테면 노력을 방치하거나 평가에 무관심한 척하기, 빈정대기, 감정적으로 대응하기, 삐지기, 유치한 억지 부리기, 몸과 마음의 불편함 호소하기 등으로 나타난다.

이런 행위를 표면적으로 보면 자기가치감 욕구가 없는 것 같지만, 그렇지 않다. 이런 사람은 자기가치감을 갈망하지만 달성할 자신이 없어서 굴절된 행동으로 자기가치감 욕구를 채우려 하는 것이다.

예를 들어, 노력의 방치는 자신의 무가치감을 직시해야 하는 상황을 피하려는 행동이다. '나도 사실 하려고 하면 할 수 있다'라고 생각하면서 애써 눈을 돌리는 것이다. 빈정대거나 감정이 격해지는 것은 주변 사람을 당황하게 만들어 자기 존재를 어필하는 행위다. 심신의 아픔은 주변의 보호나 동정, 관심을 끌어내려는 메커니즘의 결과다.

사춘기 이후에는 의식적으로 자기 부정적 방향으로 무가치감을 메우려 하는 경우가 있다. 이를테면, 공부나 다른 면에서 자기가치감을 얻지 못한 여학생이 사춘기에

자기 몸의 가치를 알게 되면서 신체를 활용해 자기가치를
느끼려 하는 사례도 있다. 남자는 체력으로 자신감을 얻
어 폭력적인 행동으로 자기가치감을 얻으려 하기도 한다.

인생이란 각자가 저마다 자기가치감을 유지하고 높이
기 위해 쌓아가는 행동들의 총합이라 할 수 있다.

제2장

무가치감에 휘둘리는 사람

무가치감에 파묻혀 자기 자신을 잃어버리고 희망을 빼앗긴 채로 살아가는 사람이 있다. 이런 모습을 세 가지 사례로 살펴보고자 한다.

모든 사례가 다소 비극적이고 극단적으로 보일지도 모른다. 그러나 사례 주인공의 마음은 무가치감에 시달리는 우리 마음과 그리 다르지 않다는 것을 알 수 있다. 더불어, 이들은 극단적인 사례라서 무가치감에 휘둘리지 않고 살아가려면 무엇이 필요한지를 명료하게 보여준다.

살아갈 자신이 없는
청소년들

'열여덟 살 생일 전에 죽고 싶다'

2015년 9월 슈퍼문이 뜬 밤, 일본 미에현 이세시 도라오산에서 고등학생인 남자친구에게 '나를 죽여달라'고 의뢰한 여고생이 칼에 찔려 사망한 충격적인 사건이 일어났다. 신문과 주간지 등 각종 매체 보도를 근거로 이 사건에 대해 고찰해보겠다.

사건 현장인 도라오산은 《반쪽 달이 떠오르는 하늘》의 무대가 된 곳이며, 작중에는 호다이산으로 그려진다. 이 작품은 제4회 전격게임소설대상* 금상 수상작으로, 특히 젊은 층의 압도적 지지를 받아 영화와 텔레비전 드라마, 애니메이션으로도 제작되었다. 영화 촬영지가 되기도 한 도라오산은 젊은이들 사이에서 연애의 성지로 통했다.

이런 사실로 미루어볼 때, 이 작품이 해당 지역 중고등학생들에게 친근하게 느껴져 감정이입 대상이 되었다

---

* 일본 출판사 아스키 미디어웍스가 주최하는 라이트노벨 공모전. 현재는 '전격소설대상'으로 명칭이 변경되었다.

는 점에는 의심할 여지가 없다.

두 주인공은 열일곱 살 고등학생 유이치와 리카다. 남자 주인공인 유이치는 급성간염으로 입원한 시내 병원에서 이미 몇 년째 입원 중인 리카라는 소녀를 만난다. 리카는 심장판막증으로 머지않아 자기가 죽을 가능성이 크다는 것을 알고 있다. 수술을 받으면 살 수 있을지도 모르지만, 같은 병을 앓던 아버지가 그 수술을 받고 세상을 떠났기에 수술받기를 주저하고 있다.

마음이 불안정한 리카는 유이치에게 응석을 부리고 제멋대로 굴며 유이치를 이리저리 휘두른다. 유이치는 사춘기 이성을 향한 관심, 서투름, 리카가 놓인 상황에 대한 공감 때문에 리카에게 복종하며 응석을 받아준다.

병원에서 보이는 산이 어릴 때 아버지가 데리고 간 적 있는 호다이산이라는 것을 알게 된 리카는 유이치에게 호다이산에 데려가달라고 부탁한다. '그러면 결심이 설지도 모른다'는 리카의 말을 듣고, 유이치는 한밤중에 병원을 빠져나가 리카를 오토바이에 태워 데려간다.

유이치는 리카의 말을 수술받을 '결심'을 하기 위한 것이라고 받아들였지만, 호다이산에 도착한 리카는 '드디어 죽을 결심이 섰다'고 말한다.

그러나 그 후에도 변함없는 유이치의 애정으로, 리카는 살아갈 희망을 되찾고 수술받을 각오를 한다(하시모토 쓰무구,《반쪽 달이 떠오르는 하늘》).

도라오산에서 칼에 찔려 사망한 여학생은 심장을 깊게 한 번 찔렸고 방어흔이나 그 외 상처는 없었다. 그전에도 여러 남학생이 그녀에게 죽여달라는 부탁을 받았다고 한다. 또, 이 사건이 발생하기 두 달쯤 전인 열여덟 살 생일날 다른 남학생과 며칠 가출했는데, 그때도 그녀가 죽고 싶어 하는 것을 남학생이 설득해서 말렸다고 하며, 당시 가족도 그녀가 죽을까봐 걱정하며 찾으러 다녔다는 것이다. 이런 사실들은 그녀 본인이 바란 죽음이란 것을 확실하게 뒷받침한다.

학교 성적은 상위권으로, 연극부에서도 주요 배역을 맡을 정도로 활약했다. 그런데도 예전부터 '나는 살아갈 가치가 없다', '열여덟 살 생일 전에 죽고 싶다'는 취지의 말을 하며 깊은 무가치감으로 괴로워했다. 담임 교사도 본인에게 그런 이야기를 들은 적 있어서, '자기부정이 강하고 자존감이 희박한 성격'으로 파악하고 있었다.

그녀가 가출했을 때 가족들이 소셜미디어에 정보제공

을 요청하며 올린 그녀의 사진에는 마스크를 착용하고 있어 눈 위쪽밖에 보이지 않았다. 그녀는 평소 사진 찍히는 것을 극도로 꺼렸다고 한다. 무가치감이 강한 사람은 자신을 좋아하지 않는다. '자기 몸에서 가장 마음에 드는 부분은?'이라는 질문을 받으면 '없다'라고 대답한다. 자기 사진도 좋아하지 않는다.

한때 자살 시도를 반복하던 내 제자도 자기 사진을 싫어했는데, 언젠가 동기들과 같이 찍은 사진을 보고는 "나 귀신같이 나왔네", "귀신 같지?"라고 자조 섞인 말을 했다는 이야기를 듣고 가슴이 아팠다.

상처받는 사춘기 마음

여러 국제비교연구를 통해, 일본 아이들은 자신감이 없고 자기가치감이 낮다는 사실이 밝혀졌다. 특히 이 경향은 중고등학교 여학생에게서 두드러지게 나타난다. 일본, 미국, 중국, 한국 고등학생을 대상으로 조사한 결과를 참고할 수 있다(〈고교생 몸과 마음 건강에 관한 조사 보고서〉 2018, 일본 국립청소년교육진흥기구 청소년교육센터).

자기 자신을 가치 있는 사람이라 생각하는지 묻는 항목에 '그렇다', '그런 편이다'라고 답한 비율은 〈표2〉와 같다.

(%)

	일본	미국	중국	한국
남자	50.0	84.2	82.6	86.0
여자	40.0	83.4	78.0	81.2

<표2> '나는 가치 있는 사람이라고 생각한다'고 답한 아이들 비율

이 데이터는 교사와 부모가 특히 사춘기 여학생의 상처받는 마음에 주의 깊게 다가갈 필요가 있음을 보여준다.

학생들을 접하다 보면, 겉으로 보기에는 아무렇지 않은 학생이 '죽으려고 절벽에서 뛰어내린 적이 있다', '죽을 작정으로 가출한 적이 있다', '손목을 그은 적 있다' 같은 이야기를 해서 깜짝 놀랄 때가 있다. 참고로, 조사에 따르면 일본 여고생 중 손목을 긋는 등 자해행위를 한 적 있다고 답한 비율은 14.3퍼센트에 달한다(야마구치 아키코·마쓰모토 도시히코, 〈여자 고등학생의 자해 행위〉, 《정신의학》, 2005).

우울증으로 약을 복용하거나 섭식장애를 앓는 경우도 드물지 않다.

젊은 사람의 자살에는 무가치감이 크게 작용하는 사례가 많다. 유서에 '나는 남한테 피해만 주는 존재라 살아 있을 가치가 없다', '나는 아무 장점도 없는 사람이다' 같은 내용이 심심치 않게 등장한다. 부모에게 거듭 '죄송하다'라는 말을 남기기도 한다. 괴롭힘에 시달리다가 자살하기에 이르러도 괴롭힌 사람을 탓하지 않고 자신의 나약함을 사죄한다. 그 정도로 자신의 가치가 희박한 상태라고 볼 수 있다.

확고한 자아가 없으면 타인에게 쉽게 동화되거나 절대적인 존재에 의지하는 일이 발생하기 쉽다. '열여덟 살이 되기 전에 죽고 싶다'는 여고생의 말은 살아 있다는 것이 괴롭다는 표현인 한편, 《반쪽 달이 떠오르는 하늘》의 작중 인물과 겹쳐진 심리도 있었으리라 생각한다.

무가치감이 강한 사람 중에는 직접 타인에게 도움을 주며 자기가치감을 얻으려는 이가 많은데, 그 여고생이 간호계 대학으로 진학하려 했다는 것도 이에 해당한다고 볼 수 있다.

살아 있어도 죽은 것이나 마찬가지

죽여달라고 요청하는 소녀와 그 부탁을 받고 타인을 칼로 찌른 소년, 두 사람 다 무가치감뿐만 아니라 청년기 특유의 희박한 현실감각을 가졌다는 생각이 든다. 일반적으로 아무리 소중한 사람이 부탁해도 상대를 찌르지는 못한다. 오히려 상대를 단념시키기 위해 필사적으로 설득할 것이다. 소년이 그것을 소녀를 위한 행동이라 믿은 데엔 소설 속 유이치에 동화되었기 때문인지도 모른다. 유이치가 위독한 상태의 리카를 호다이산에 데려가는 행위는 그녀를 죽음에 이르게 만들 위험을 포함하고 있었다.

그래도 리카가 바라는 대로 해주고 싶고, 리카를 기쁘게 해주고 싶고, 리카의 말을 따르는 것이 좋아서 호다이산까지 데려간 것이다. 소년은 그런 유이치에게 동화되어 소녀의 바람을 이뤄주고 싶은 마음이 들었는지도 모른다.

통상 죽음에 대한 결심은 여러 겹의 장벽에 막혀 단념된다. 공포, 주변 사람에 대한 애정, 꿈이나 희망 같은 것이다. 그런데 현실감각이 희박하다는 것은 삶과 죽음이 매우 얇은 막으로 나뉘어 있는 상태와 같다. 그래서 죽는 것이나 사는 것이나 그리 다르지 않다. 양쪽 다 무서운 것에는 별반 차이가 없다. 애정도 꿈도 희망도 너무 희박해서, 괴로워도 살아남아야겠다는 원동력이 되지 못하는 것이다.

♦ ♦ ♦

'자기 자신'이
없는 나

아키하바라 무차별 살인사건을 저지른 범인 K에 대해 알아보겠다. K 본인이 집필한 《해(解)》, 《동구영야초(東拘永夜抄)》를 중심으로, 나카지마 다케시(中島岳志)의 《아키하바라 사건—가토 도모히로의 궤적(秋葉原事件—加藤智大の軌跡)》과 각종 보도자료를 참고하여 기술하겠다.

엄격한 양육 환경

K의 어머니는 몹시 엄했다. 어린 시절, K는 불 꺼진 화장실에 갇히는 벌을 받았다. 혼나다가 2층에서 밀려 떨어질 뻔한 적도 있다.

K는 집 밖으로 쫓겨나는 일이 다반사였다. 눈을 밟아 신발이 젖은 채로 귀가하면 어머니는 맨발로 눈 위에 서 있게 했다. 연필은 반드시 커터칼로 깎아야 했고 심을 부러뜨리면 몇 번이고 다시 깎게 했다. 목욕할 때 구구단 연습을 시키고 답이 틀릴 때마다 머리를 눌러서 욕조에 잠기게 했다.

‘10초 룰’이라는 것이 있어서 어머니가 무언가를 묻고 ‘십, 구, 팔……’ 하고 수를 세는 동안 대답하지 못하면 뺨을 맞았다. 스탬프 카드를 만들어 혼나서 울 때마다 스탬프를 찍었는데, 스탬프가 10개 모이면 다락방에 갇히거나 입에 수건을 쑤셔 넣고 그 위에 박스테이프를 붙이는 벌을 받았다.

먹는 속도가 느리면 밥을 전단지 위에 쏟고 그걸 먹게 했다. 밥그릇을 방 밖으로 내던질 때도 있었다. 그래도 먹는 속도가 나지 않으면 내던진 음식을 입에 쑤셔 넣었다.

초등학교 고학년 때까지 가끔 밤에 소변 실수를 해서 기저귀를 사용하도록 강요받았다. 어머니는 그 기저귀를 다른 사람에게 보여주려고 일부러 야외에 널었다. 입을 옷을 직접 골라두면 어머니는 그 옷을 내팽개치고 자기가 고른 옷을 입게 했다.

가족의 화목을 다진다며 일요일이면 식구들이 모여 카드게임을 했지만, 전혀 즐겁지 않았다. 여름방학 가족 여행도 어머니 혼자 모든 것을 정했다. 조금도 재밌지 않았지만, 어머니 심기를 거스르지 않으려고 즐거운 척했다. 텔레비전 방송이나 만화책도 어머니가 허락하는 것만 볼 수 있었다.

반론, 반항은 물론이고 때로는 질문조차 허락되지 않았다. 왜 혼나는지 모를 때 이유를 묻거나 불만을 말하면 더 혼났기 때문에 그저 조용히 받아들였다. 늘 어머니 뜻에 반하는 말과 행동을 하지 않으려고 노력했다.

어머니의 꿈을 짓밟다

K는 성적에서도 높은 수준을 요구받았다. 100점을 맞으면 당연한 일을 한 것이고, 95점을 맞으면 혼이 났다. 중학교에서도 전교 20등 전후로 우수한 성적을 유지했다. 여름방학 숙제인 그림이나 작문은 어머니가 시키는 대로 몇 번이고 다시 하기를 반복했고, 그걸로 상을 받은 적도 있지만 자기 작품이라는 생각이 들지 않아서 기쁨을 느끼지는 못했다.

운동신경도 좋은 편이라 초등학교 졸업 문집에는 같은 반 친구들에게 '우리 반에서 발이 가장 빠른 애'로 뽑혔다. 중학교에서는 정구부에 들어가 신입 경기에서 입상하여 신문에도 실린 적이 있다.

고등학교는 현에서 명문고로 손꼽는 아오모리 고등학교로 진학했다. 어머니 모교이자 어머니가 기대한 진로였다. 어머니는 K가 초등학생일 때부터 홋카이도대학 공학

부로 진학하기를 기대했다. 그러나 애초에 공부가 좋아서 노력한 것이 아니라 어머니 요구에 따른 것이었을 뿐이므로 고등학교 입학 후에는 공부를 놓고 게임에 빠져 결국 성적이 최하위 수준까지 떨어졌다(《아키하바라 사건》).

이런 상태에서 어머니는 기대 대상을 K의 동생으로 옮겼다. 그러나 K의 남동생은 고등학교를 3개월 만에 중퇴하고 은둔형 외톨이가 되었다.

고교 졸업 후 K는 기후현에 있는 자동차 관련 전문대학에 진학했다. 자동차 설계를 하고 싶다는 장래희망이 있기도 했지만, 여기에는 대학 진학 그 자체를 거부함으로써 '명문대생 아들을 둔 어머니'라는 어머니의 꿈을 짓밟으며 어머니에게 벌을 준다는 의미도 있었다(《동구영야초》). 후술할 아버지와의 충돌 때문에, 대부분이 취득하는 자동차 정비사 자격도 따지 않고 직장도 정하지 않은 채로 전문대를 졸업했다.

이후 여러 직장을 단기간 전전하며 센다이, 아게오, 쓰쿠바, 아오모리, 시즈오카 등으로 옮겨 다녔다.[*]

그사이, 자동차 사고를 일으키는 등 여러 번 자살 시도 직전까지 갔다. 고독감을 메우기 위해 자신을 표현하

---

[*] 각 도시는 미야기현, 사이타마현, 이바라키현, 아오모리현, 시즈오카현에 위치한다.

는 장소로 온라인 게시판에 글을 올리게 되었는데, 자신
이 활동하던 게시판이 엉망이 되자 이 일을 계기로 아키
하바라에서 무차별 살상 사건을 일으켰다. 25세 때의 일
이다.

무가치감과 고립

K는 공부와 스포츠에 뛰어난 아이였음에도 불구하고 압
도적인 무가치감 속에서 성장해야 했다. 참고로, 초등학
교 졸업 문집의 자기 소개란에는 '성격이 급하다, 고집이
세다, 둔하다, 얼빠진 애'라고 썼다. 중학교 졸업 기념지
에는 자기 약점이 '지난 일에 연연하는 것'이며, '마음이
삐뚤어진' 사람이라고 영어로 쓰여 있다(《아키하바라 사건》).

어머니의 지배로 '자기 자신'을 가질 수 없던 그의 무
가치감은 강력한 자기상실감으로 이어졌다. 고등학교 학
생회지에는 만화 《신 에반게리온》의 아야나미 레이의 대
사 '나는 당신의 인형이 아니야'라고 적었다(《아키하바라 사
건》). 범행 후 자기분석에서는 "'나 자신'이 없는 나"라는
표현을 반복해서 사용했다(《해》).

자기 자신이 없다고 느낀다는 것은 살아 있다는 현실
감각이 희박하다는 뜻이다. '자기 자신'이 없으므로 자기

가 살아 있지 않다고 느낀다. 이것이 그가 보통 사람 심리로는 이해할 수 없을 정도로 온라인 게시판에 의존하는 원인 중 하나다. 이런 사람에게 현실 세계와 가상 세계는 매우 얇은 벽으로 나뉘어 있을 뿐이다.

게다가 고립되는 것에 강한 공포를 느낀다. 어머니에 대한 애착이 형성되지 않았기 때문이다.

"전장에서 숨을 거두는 순간 많은 병사가 어머니를 부른다. 가슴 아픈 일이다. 나는 벌써 5개국어로 그 말을 들었다."(데이브 그로스먼의《살인의 심리학》중 프랭크 리처드슨 소장의 말)

이처럼 아이나 청년이 마지막 순간 돌아가는 곳은 어머니 곁이다. 그러나 K에게 어머니는 그런 존재가 되지 않았다. 궁극적으로 돌아갈 곳이 없는 마음은 고립을 유난히 커다란 공포로 느낀다.

실제로 K에게는 학창시절부터 몇 명의 친구가 있었다. 각 직장에서도 어느 정도 교우관계가 생겼다. 그러나 그의 무가치감과 타인에 대한 신뢰감 결여는 안정적인 관계를 맺는 데 방해가 되었다.

즉, '내가 친구를 떠올려도 그 친구는 나에 대해 생각하지 않는다'라고 느낀 것이다(《해》).

그래서 친구에게 먼저 다가가지 못하고 대등한 관계를 맺지 못한다. K에게 친구란 자기가 즐겁게 해줘야 하는 존재다. 친구에게 부탁을 받으면 필요 이상으로 애쓴다. '도쿄에서 열리는 행사에서만 구할 수 있는 게임을 사다 달라고 부탁받으면, 첫차로 가서 몇 시간이나 줄 서서' 사다 주고, '아키하바라에서 파는 CD를 구해달라고 부탁받으면 그것 외에도 관련 굿즈를 잔뜩 채워 선물했다.' 친구에게 사진을 파일로 보내줄 때 '한 장의 사진을 찍기 위해 수만 엔이 들더라도 그걸로 친구가 기뻐하면 나는 행복했다'라고 할 정도다(《해》).

이처럼 K는 현실 세계에서 누구와도 속내를 터놓을 만한 대등한 관계를 맺지 못했다. 그리고 그 고독감을 채우기 위해 온라인 게시판에 의존했다.

온라인 게시판과 자기 존재

K의 말에 따르면, 현실은 '겉치레 사회'이며 '속내'를 숨기

고 상대나 제삼자가 바라는 것, 사회적으로 바람직하다고 여겨지는 것을 중시하며 행동하는 사회다. 한편, 온라인 게시판은 '속내를 드러내는 사회'이며, 진심을 말하고 진심으로 교류할 수 있는 곳이라고 한다(《해》). K에게는 게시판이야말로 진정한 자기 자신이 존재할 수 있는 장소였다.

그의 게시판 캐릭터에는 무가치감이 짙게 반영되어 있었다. '못생긴 사람은 살아갈 의미가 없다', '못생겨서 여자친구를 못 사귄다'라며 '못난이' 캐릭터를 연기했다. 실제로는 '그렇게 못생기지 않았다'라고 하면서 자기 자신을 못난이 캐릭터로 표현하는 그 자체가 무가치감의 표출이다(《아키하바라 사건》).

K는 현실 사회에서 실패를 용서받지 못하고 벌을 받아야 했다. 그러나 게시판에서는 그 실패가 자학 개그 소재가 되어 남을 웃게 만든다. K에게 게시판은 '속이 확 트이는 즐거운 장소'였다. 게다가 학대를 소재 삼아 다른 사람을 웃게 만드는 일은 '타인을 위해 자신이 무언가 하고 있다'는 '행복감과 만족감'을 불러왔다(《해》).

남는 시간 대부분을 게시판에 소비할 만큼 그에게 게시판은 삶의 버팀목이었다. 그런데 그 게시판에 K를 가장한 '가짜'가 등장했다. 그것은 진정한 자신이 부정당하는

것으로, 자기 자신이라는 존재가 '살해당하는 일'이나 마
찬가지였다(《해》).

자신에게 상처 준 사람을 벌하다

K는 자기 자신이라는 '존재를 죽게 만든' 가짜 K를 반성
하게 하려고 벌을 내리기로 한다. 이때 K의 독특한 사고·
행동 양식이 결국 그를 범행으로 이끌었다. K는 자기 분
석을 통해, 사건에 이른 원인으로 다음 세 가지를 들었다.

· 사회와의 접점 부족을 오로지 게시판에서 충족했던 자신의
  생활
· 게시판에서 발생한 문제를 현실 문제로 받아들인 자신의 성격
· 고통을 줘서 상대 잘못을 바로잡으려는 자신의 사고방식

세 번째에서 말하는 그의 독특한 사고방식이란 다음
과 같다.

어릴 때부터 K는 어머니에게 거부당하거나 혼나는 상
황에서, 말이 아닌 행동으로 벌을 받았다. 혼나고 벌 받는
이유를 스스로 찾아야 했고 그 과정에서 모든 원인을 전
적으로 자기 탓으로 인식하게 되었다. 이런 이유로 '게시

판에서 선언한 대로 중대 사건을 일으키고 그것을 보도 기사로 알게 된 가짜 K에게 고통을 줌'으로써 벌을 내리려 했다.

이 사고법은 그의 행동에 공통으로 깔려 있다. 이를테면 회사에서 동료와 충돌했을 때도 자신이 회사를 그만둠으로써 그 동료를 심리적으로 벌주려 했다. 정비사 자격을 취득하지 않은 채 전문대를 졸업한 것도 장학금으로 받은 돈을 자신에게 주지 않은 아버지를 반성하게 하려는 의도였다.

범죄를 단념하게 만드는 요인은 다양하다. 그중 첫 번째는 타인, 특히 가까운 사람과의 연결이다. 그런 사람을 떠올리면 그를 슬프고 괴롭게 만드는 행위는 실행에 옮기기 어렵다. 또 괴로울 때는 그런 사람에게 상담하거나 의지하며 그 시기를 헤쳐나가는 것이 일반적이다. 그러나 K에게 그런 행위는 불가능했다. 타인에게 의지하는 것은 '못난 놈', '쓸모없는 놈'이라고 여겨지는 일이라 생각했고, 상대에게 부담을 주는 일인 데다 상대가 그런 자신을 받아줄 것이라는 믿음도 없었다. 그의 머릿속에는 애초에 '타인에게 상담한다'는 발상 자체가 없었다(《해》).

범죄를 단념하게 하는 두 번째 요인은 본인의 개인적 차원에 존재한다. 그중에서도 자신의 미래를 생각하는 것이 중요하다. 이에 대해 K는 '자기 자신이 없다', 즉 '자신에게는 미래가 없다'고 느꼈으며, 이는 "나는 어떻게든 상관없는 사람이다 (중략) 어떻게 되든 상관없다"라는 자포자기식 체념이 아니라, 단순히 자신의 미래에 관심이 없다는 뜻이다.

◆ ◆ ◆

어머니의
저주 같은 속박

'나는 부모에게 살해당했다!'라는 표제는 저자 자신을 적나라하게 표현한다. 이 책에는 '도쿄대 출신 여의사의 고백'이라는 부제가 달려 있다(고이시카와 마사미,《나는 부모에게 살해당했다(私は親に殺された!)》). 책의 내용은 자신을 직시하며 무가치감에 괴로워하는 모습과 그것에서 벗어나려는 몸부림을 생생하게 그리고 있어서 무가치감의 고통을 자아실현의 힘으로 바꾼 사례로서 배울 점이 많다. 이 저서를 통해 M의 모습을 살펴보자.

완벽을 요구받다

M은 '완벽주의자로 만사에 단 하나의 정답만 있다고 믿는, 전형적인 우등생이었던' 어머니 밑에서 자랐다. 한 예로, 어머니는 M이 태어나기 전부터 육아서를 탐독했는데, '생후 몇 개월 아이는 몇 시간마다 몇 밀리리터 수유한다'라는 내용이 있으면 그 용량의 1밀리리터 오차도 없이 수유하려고 애썼다.

유아기 M에게 어머니는 절대적으로 옳고 선한 신과 같은 존재였고, 절대 거슬러서는 안 되는 사람, 거역해도 소용없는 사람이었다.

그런데 M은 운동신경이 없고 둔한 아이였다. 어머니는 그런 M에게 '왜 이런 것도 못하니!', '어째서 이렇게밖에 못하니!', '한심하기 짝이 없다!'라고 하듯 미간에 깊은 주름을 만들고 눈꼬리를 잔뜩 끌어올린 표정밖에 보여주지 않았다.

공부는 잘했지만 '전혀'라고 해도 과언이 아닐 만큼 부모는 M을 칭찬하지 않았다. 예를 들어, 학교 시험에서 연거푸 백 점을 맞으면 다들 눈을 동그랗게 뜨며 M을 칭찬했지만 M의 부모는 칭찬하는 법이 없었다. 실제로 어머니는 '칭찬은 아이를 자만하게 하므로, 아이를 정말 사랑하는 부모는 절대 칭찬하지 않는다'라고 믿고 있었다.

M에게는 어머니 평가가 절대적이었다. '한심하다', '별 볼 일 없다'는 어머니의 질책은 '너는 살아 있을 가치가 없다'라는 사형선고와도 같았다. 전혀 과장이 아니라, 어머니의 한탄이 M의 존재 자체를 위기로 내모는 이런 상황은 M의 신경질환이 크게 개선된 마흔 살 때까지 이어졌다. 그때까지 '나는 이 세상에 살아 있어도 되는 사람'이라는 최소한의 자신감을 획득할 수 없었다.

어린 시절 M이 '있는 그대로의 자신의 모습은 타인에게 받아들여지지 않는다'고 확신한 사건이 있었다. 그건 초등학교 1학년 여름방학 과제 전시전에서 일어났다. M은 자기가 만든 작품과 어머니가 만든 것이나 마찬가지인 작품을 둘 다 제출했는데 선생님이 자기가 만든 작품을 부정한 것이다. 진정한 자신의 작품을 부정당함으로써 있는 그대로의 자기 모습으로는 어머니를 포함한 어른과 사회의 평가에 맞출 수 없다는 것을 깨닫고 M은 완전히 자신감을 상실했다.

타인과 함께일 때는 혹여 그들이 자신을 싫어하지 않

을까 언제나 너무 불안해져서 긴장했기 때문에 타인과 있으면 너무 피곤하고 그 시간이 고통스러웠다.

내가 아닌 나를 연기하다

M이 초등학교 1학년일 때 남동생이 태어났다. 동생은 다운증후군이었다. 언젠가 M이 어머니 심기를 거스르는 말을 하자 어머니는 '동생을 데리고 나가서 확 죽어버리겠다'고 M을 위협했다. M은 어머니 말을 곧이곧대로 받아들여 심장이 멎는 줄만 알았다. 그 후로 어머니는 동생의 장애를 무기 삼아 M을 자기 의도대로 통제하게 되었다.

M은 어머니 기분에 맞춰 행동하는 데 그치지 않고 점차 느끼고 생각하는 방식까지 어머니와 같아지도록 자신을 몰아붙였다. 어머니가 기대하는 '의지와 의욕'을 마치 자신의 것처럼 받아들이고 실제로 그런 의지와 의욕을 갖는 지경에까지 이르렀다.

장애 동생을 둔 누나로 태어난 이상, 의사가 되어 동생과 같은 아이들을 도와줘야만 인간으로서 용서받을 수 있다고 생각하며 자신을 강하게 속박했다.

그런데 초등학교 5학년 무렵부터, '자기 본심을 철저

하게 억눌러 의식 아래 봉해버리고 자기가 아닌 어머니처럼 살아가고 있음'을 자각하면서 자기 혐오와 죄책감을 느꼈다. 그런 M에 대해 어머니는 초등학교 5학년 때부터 갑자기 못된 애가 됐다고 인식했다.

어머니에게 반복적으로 '너는 협조성이 없어서 친구들이 싫어하는 애'로 평가받았으며, 무슨 일을 하든 호되게 비난당했다. M은 무슨 일에도 자신이 없고 친구들 무리에도 들어가지 못했다. 자신의 존재가치에 최소한의 자신감조차 얻을 수 없던 M에게는 오직 학업성적만이 안전망이자 기댈 곳이었고 삶의 보람이 되었다.

아버지도 훈육에 엄격한 사람으로 때로는 욱해서 딸에게 폭력을 쓰기도 했다. 그러나 M에게 추상적이고 도덕적인 개념을 가르쳐준 사람이기도 했다. 특히 '자기가 당해서 싫은 일은 절대 남에게 하지 말라'는 것과, '자기 나름의 목표를 세우고 달성하기 위해 열심히 노력해야 한다'는 가르침은 M의 인생에 깊게 남았다. 특히 후자의 가르침으로, 목표를 달성했을 때 자신의 가치를 실감할 수 있었고 목표를 향해 노력하는 과정에서도 성장과 발전의 기쁨을 얻을 수 있었다. 그리고 자기 가치를 실감하면 자신을 사랑하고 소중하게 여기고 싶어졌다.

스스로 인생에 가치를 부여하다

중학교는 국립대학 부속 중학교에 입시를 치러 들어갔다. 중학생 시절, 지적인 면에서 정신세계가 폭발적으로 확대되고 깊어졌다. 우수한 남학생을 좋아하게 된 것도 하나의 요인이었다. '그 친구와 대등하게 이야기하는 사람이 되고 싶다'는 일념으로 지독하게 공부했고, 그 결과 졸업시 성적은 최상위권이었다.

그 시기에는 급우 관계 또한 비교적 안정적이었다. 그러나 조리실습이나 수련회 요리시간에는 자신이 나서면 타인에게 피해를 줄까봐 걱정되어 그룹에 들어가지 못해서 집단활동에 어려움을 겪었다.

또 보상적 자아를 벗어나는 움직임도 싹텄다. 초등학교 때까지 어머니에게 비밀을 만들 수 없던 자신이 중학생이 되자 비밀을 가질 수 있게 된 것이다. 이처럼 어머니의 절대적인 지배를 받으면서도 한편으로 건강한 자아가 형성된 것이 훗날 정신질환 발병을 촉진했다고, M 본인은 분석했다.

M은 자신의 존재 가치를 확인하기 위해, 그리고 부모 기대에 부응하여 그들의 허영을 만족시키기 위해 명문고에 진학하고 싶었다. 그래서 도쿄대 여학생 진학자 수가

많은 국립대학 부속 고등학교에 응시해 합격했다.

성적만이 자신의 버팀목이기에 학업성적을 유지하는 데 유난히 집착했다. 자신감이 없어서 타인과 어울리면 지나치게 긴장해 많은 에너지를 소모했기 때문에, 쉬는 시간에도 공부에만 몰두했다. '이 세상에 살아 있어도 되는 인간'이라는 최소한의 자신감을 획득하는 수단으로써 '학력의 증명=도쿄대 이학3류[*] 합격'이라는 목표에 완전히 얽매이게 되었다.

M은 고1 여름부터 고2 가을까지 13킬로그램 감량이라는 과격한 다이어트에 몰입했다. 아이돌에 대한 동경도 있었지만 자신을 극한까지 내몰며 살아 있다는 실감을 얻기 위해서였다.

고등학생 시절 전반부에는 '사람 인생에 정말로 의미나 가치가 있는가'라는 의문에 사로잡혔다. '가치'나 '의미'라는 개념 자체가 인간 감수성에서 발생한 것이니 인간의 생각 외에는 아무 근거가 없지 않은가, 결국 인간은 자기들이 편하게 느끼는 것에 높은 평가를 매기고 불쾌하게 느끼는 것에는 가치를 인정하지 않는 생물일 뿐이라는

---

[*] 도쿄대 이과계열은 이과1류, 이과2류, 이과3류로 입학하여 2년간 교양과정을 거친 후 2학년 말 성적에 따라 원하는 학부에 진학하는데 이과3류에서 대부분 의학부로 진학함.

생각이 들었다. 가치나 의미 따위가 다 부질없게 느껴지며 자신의 존재가 점점 허무해졌다.

하지만 어떻게든 자기 마음을 위로하고 긍정적으로 살아가고 싶었던 M은 사람은 누구나 무조건 가치를 갖는다고, 자신의 감성을 믿기로 했다. 끊임없이 자기 내면 깊은 곳에 질문을 던지며 '이래도 된다'고 확신할 수 있는 행동을 거듭해가며 인생의 가치를 만들려고 노력했다.

고2 말에, M은 자신과는 대조적인 '누구에게도 흔들리지 않는 확고한 자아'를 가진 친구에게서 이런 말을 듣는다.

"너는 다른 사람이 널 싫어한다고 생각하고 늘 주저하는 것 같은데, 전혀 그렇지 않아. 그냥 보통이야. 그러니까 쭈뼛댈 필요 없어."

이 말을 듣고 M은 큰 충격에 빠졌다. 이제껏 '너는 미움받는 아이'라고 들으며 자신을 형성해왔으므로, 자신을 감싸고 있는 어머니의 틀을 벗겨내면 자기에게는 아무것도 남지 않는다고 느꼈기 때문이다. 그 말이 훗날 우울증과 경계성 인격장애의 발단이 되었지만, M은 "병에 걸

린 덕에 진정한 나를 찾는 긴 여행의 출발점에 설 수 있었
다”고 말한다.

M은 어머니의 틀을 벗어버리고 진정한 자기 자신을
만들기 위해 움직이기 시작했다. 우선은 자신의 기호를
파악하는 데서 출발했다. 무엇을 좋아하고 싫어하는지 가
려내는 작업은 비교적 수월했지만, ‘나는 진정으로 무엇
을 하고 싶어 하나?’라는 자기 욕구에 관해서는 아무리
자문해도 답을 찾을 수 없었다.

우울증과 자해 행동 그리고 회복

M은 우울증 증상에 시달리며 성적이 떨어져서 도쿄대 이
과3류에는 진학하지 못하고 이과2류에 들어갔다. 대학에
서 M은 자기보다 훨씬 우수한 학생들을 접하며 크게 흔
들린다. 존재가치에 대한 자신감 결여를 오랫동안 지적능
력의 우월로 보상받아왔는데, 그 버팀목이 무너져서 다시
한번 ‘살아갈 가치가 없는 인간’으로 자신을 인식하고 삶
의 희망을 잃어버렸다. 그러나 이과2류에서 의학부로 진
학한다는 목표에 철저하게 몰두하며 안정을 되찾고 무사
히 의학부에 진학했고 우울증으로 괴로워하면서도 의사
가 되었다.

의사 백의는 자신감의 버팀목이 되어주었지만, 우울증의 죄책망상 때문에 '나는 쓰레기 같은 인간, 살아봤자 아무 쓸모도 없고 남에게 피해만 줄 뿐이니 그냥 사라져 버리는 게 답'이라고 무심코 말로 뱉은 적도 있다.

자해 행동도 나타났다. 바늘로 찔러서 아픔을 느끼는 동안에는 마음의 고통을 잊을 수 있었다. 바늘이 아니라 면도칼로 그리듯 손목을 따라 그으면 십수 초간 통증이 이어져서 그만큼 길게 마음의 괴로움을 잊었다. 그러다 그 깊이가 요골동맥을 끊을 정도로 심각해졌다. 아픔이 강할수록 자신을 벌주고 있다는 만족감이 들었고 죄책감도 조금이나마 줄일 수 있었다.

30회 이상 자살 시도가 이어졌고, 강제입원을 포함해 여러 번 입원도 했다. 그러는 중에 M의 이야기를 진지하게 들어주고 M의 생각을 인정해주는 의사를 만나 심리적 안정을 얻어 회복을 향해갔다.

"태어나서 54년 동안, 인간성이든 능력이든 자신의 가치를 어떻게든 부모에게 인정받고 싶다는 집착을 버리지 못했는데 드디어 그것을 내려놓았다. 설령 부모에게 인정받지 못해도, 나라는 사람에게 분명 가치가 있다는 자신감이 (중략) 사회

속에서 살아가는 사이, 늦었지만 내게도 서서히 자라났기 때문이다."

그 후 M은 동생을 맡아서 돌보며 의사로서 일하고 있다.

이상 세 가지 사례를 통해, 무가치감에 휘둘리는 인생을 살지 않으려면 다음과 같은 사항이 중요하다는 것을 알 수 있다.

· 성급한 결단을 피하기 위해 자기 생명의 의미 확인하기
· 고립을 선택하지 말고 주변 사람과 마음을 터놓는 관계 맺기
· 자기 자신을 되찾고 자기 자신을 신뢰하기
· 아무리 괴로워도 꿈이라는 목표를 놓지 않기

각 항목에 대해서는 뒤에서 다시 구체적으로 살펴보겠다.

제3장

무가치감을 불러오는 것

무가치감에 괴로워하는 사람 중에는 유난히 엄한 가정환경 속에서 자란 경우가 많다. 그러나 '나는 충분히 애정을 받고 자랐는데 왜 이럴까?'라며 자책하는 사람도 있다.

이번 장에서는 후자의 사람을 염두에 두고 무가치감을 형성하는 요인에 대해 알아본다.

＜＜＜

민감하게
타고난 사람

한때는 양육 환경을 성격 형성의 결정적 요인으로 보았다. 그러나 행동유전학, 뇌신경과학, 생리심리학, 영유아기 발달심리학, 쌍둥이연구 등을 통해 선천적 요인의 영향이 의외로 크다는 것이 밝혀졌다. 물론 무가치감을 느끼게 하는 유전자 따위는 존재하지 않는다. 그러나 무가치감으로 연결되기 쉬운 타고난 소질은 존재한다. 가장 큰 선천적 요인이 바로 과민성이다.

선천적 과민성을 연구한 아론은 이 소질을 가지고 태어난 아이를 HSC(Highly Sensitive Child)라 명명했다(일레인 아론, 《예민한 아이를 위한 부모 수업》). HSC 유아는 사소한 맛의 차이나 실내온도 변화에 칭얼대며 큰소리나 강한 빛에 놀라 울음을 터뜨린다. 까끌까끌한 옷 감촉을 거슬려하기도 한다. 조금 자란 후에는 마음에 상처를 입는 일이 많고 걱정이 많거나 유난히 겁이 많은 경우도 있다. 작은 변화를 금방 알아챌 뿐만 아니라 잔혹함이나 불공평함, 무책임함 등도 민감하게 파악한다. 그만큼 HSC 유아를 양육하는

데는 특별히 주의 깊은 배려와 접근법이 필요하다고 아론
은 덧붙인다.

약 15~20퍼센트 아이가 HSC이며 그 비율에 남녀나
인종에 따른 차이는 없다. 어떤 동물이든 대담한 개체만
있으면 살아남지 못한다. 사소한 것에 주의를 기울여 일
찌감치 위험 요인을 파악하고 신중하게 행동하며 위험
을 피하게 해주는 동료가 필요한 법이다. HSC 존재는 이
런 종족보존의 원리가 작용하는 것일지도 모른다. 실제
로 HSC는 민감함의 양적 차이가 아니라 질적 차이라고
여겨진다. 이와 관련된 것으로 보이는 유전자도 발견되
었다.

HSC였던 사람은 성인이 되면 다음과 같은 경향을 보
인다.

① 사물을 철저하게 사고하여 처리한다.

예리한 질문을 던진다거나, 생각이 지나치게 많아서
행동으로 옮기는 데 시간이 걸리거나, 좀처럼 결단을 내
리지 못하기도 한다. 과거에 있던 일을 쉽게 잊지 못하고
연연해하는 경우도 있다.

② 자극을 과잉으로 느낀다.

그래서 정신적 부하가 크기 때문에 쉽게 피곤해진다. 여행이나 이벤트처럼 본래 즐거워야 할 일조차 스트레스가 된다. 단체에 들어가거나 많은 사람 앞에서 발표하는 등 자극이 많은 상황에서 뒤로 물러나는 경향이 있으므로 실력을 발휘하기 힘들다. 설령 발휘한다 해도 매우 지쳐버린다.

③ 감정 반응이 강하고 공감 능력이 높다.

모든 것에 민감하므로 타인의 마음을 헤아리고 공감하는 능력이 높다. 감정반응이 일어나기 쉬워서 마음에 동요를 느끼는 일이 많다. fMRI(기능적 자기공명영상)를 활용한 연구에서는 그런 기능을 담당하는 뇌의 부분이 활발하게 움직이는 것으로 밝혀졌다.

④ 사소한 자극을 알아챈다.

감각 기관이 민감해서가 아니라 사고나 감정의 수준이 높기 때문이다. 이를테면 대화 중 상대 말의 뉘앙스, 목소리 톤, 시선의 움직임 따위로 민감하게 의미를 파악한다. 이 능력은 유리하게 기능하기도 하지만, 자극의 과잉 부하를 불러오고 상대 마음을 과도하게 짐작하는 등 불리하게 작용할 때가 적지 않다. 이런 섬세함 때문에 집단생활에 서툴러 교우관계에 어려움을 겪는 경우가 있다.

무가치감에 시달리는 사람 중 많은 이가 자신의 이야기라고 생각하지 않을까 싶다.

◆ ◆ ◆

부모의 애정과는 무관한 문제

자녀가 무가치감을 느끼게 되는 원인이 부모의 애정과는 관련이 없을 때가 많다. 부모의 애정이 충분해도 자녀에게 무가치감이 생기는 상황이 수두룩한 것이다. 다음 예시는 그런 상황의 일부다.

▶ 형제 관계

새로운 생명이 태어나면 그때까지 자신에게만 집중되었던 부모의 관심과 헌신이 다른 연약한 존재에게로 향해진다. 이때 첫째 아이는 자기가 버림을 받게 될까봐 두려워하는데, 여기서 '유아적 퇴행'으로 자신을 향한 관심과 헌신을 되찾으려는 사례는 매우 흔하다.

부모가 첫째의 기분에 적절하게 공감하며 대응하면 아이는 부모의 사랑을 나누어 갖는 상황을 받아들이고 동생에게 애정을 표현하게 된다. 그러나 첫째가 이 상황을 받아들이기에 너무 어린 경우에는 부모의 사랑을 두고 동생과 경쟁하며 동생을 괴롭히기도 한다. 그러다 혼나거나 거절당하는 경험이 많아지면 자신을 부정적으로 느끼게 된다. "형이니까", "언니니까"라는 말로 인내를 요구받는 훈육은 꽤 성장한 후까지 이어진다. 자주 기분이 가라앉는다는 여학생은 이렇게 썼다.

"큰딸이라 부모님 시선이 동생에게 쏠려 마음껏 어리광을 부릴 수 없었다. 그래서 토라지거나 하는 식으로 나한테도 관심을 가져달라는 메시지를 보냈던 것 같다. 그런데 그러다 보니 나 자신만 보느라 주위를 돌아볼 여유가 사라져버렸다."

이런 구도는 장애가 있는 형제가 있을 때 더욱 현저해진다. 부모의 관심과 헌신이 장애가 있는 자녀에게 집중

될 수밖에 없기 때문이다.

▸ 아이 성별

부모가 바란 성별이 아니라서 아이가 자신의 존재가 무가치하다고 느끼는 경우도 있다.

"위로 언니가 둘이라, '또 딸이네'라는 얘기를 많이 들었다. 그래서 내가 여자인 것이 부모님께 미안하기도 하고, 부채감 같은 것을 느꼈다. 아버지에게 혼날 때마다 가족에게 나는 불필요한 존재 같다는 기분이 들었다."

딸보다 아들을 더 많이 챙기고 헌신하는 어머니가 적지 않다. 이런 태도는 딸이 자신을 긍정하는 힘을 기르는 데 방해가 된다.

"가까이 사는 할머니 댁에 나를 맡기고, 엄마는 오빠의 축구 교실이며 수영 수업에 따라다녔다. 내가 여자라서 그런 것이라는 생각이 들어 어릴 때 늘 남자애처럼 굴었다. '남자애 같다'는 말을 들으면 기뻤다."

▸ **부모와 자식의 성향 차이**

아이에게 어머니는 적응해야만 하는 최초의 대상이자 최대 대상이다. 어머니에게 자녀 역시 적응하지 않으면 안 되는 존재다. 양자 성격에 따라, 서로 적응하기가 쉽기도 하고 어렵기도 하다. "첫째 애는 이해가 되는데, 둘째는 도저히 이해할 수가 없다"라고 토로하는 사람이 있는가 하면, "이 세상에서 제일 적응 안 되는 존재가 어머니"라는 사람도 있다.

사소한 것에 그다지 개의치 않는 성향의 어머니라면 대부분은 쉽게 적응할지도 모른다. 그러나 민감한 아이나 내성적 경향이 강한 아이에게는 그런 어머니의 대응이 무신경하게 느껴져 부정적 감각이 유발될 수 있다.

▸ **부모의 공감성**

아이를 낳으면 육아 때문에 어머니는 자신의 커리어를 포기하기도 한다. 우수하고 사회적 지위에 대한 집착이 강한 사람일수록 자녀에게 자신의 이상을 투영하기 쉽다. 이때 사랑으로 아이를 대하고 관심을 쏟으며 지나칠 정도로 헌신하지만, 아이에 대한 공감이 부족할 수가 있다.

"어머니가 제발 다른 일에 관심을 두길 바랐습니다. 달력에 어머니의 외출 일정이 적혀 있으면 그날만 손꼽아 기다렸습니다."

한편, 부모의 마음에도 여러 갈등과 상처가 있다. 그래서 그 갈등과 상처를 자극할 만한 성격의 아이와는 거리를 두게 되기도 한다. 이를테면 열등감이 강하고 미숙한 부모는 아이가 자신의 열등감을 자극하면 기분이 상해서 아이에게 공감하려는 태도를 잃고 만다.

◆ ◆ ◆

'무력한 존재', '못난 존재'라는 메시지

지나친 보호와 간섭의 영향

무가치감이나 자신감 결핍으로 고민하는 사람들 가운데는 '나는 과보호일 정도로 사랑받고 자랐는데'라고 생각하는 경우도 있다. 언뜻 과보호는 자기가치감을 키워줄 것 같지만, 오히려 무가치감을 불러오기 쉽다.

과보호와 과잉 간섭은 하나로 묶어 언급되는 일이 많

을 정도로, 아이에게 미치는 영향에도 공통점이 많다. 그러나 차이점도 있다. 단순히 표현하자면, 과보호는 '너는 무력하다'라는 암묵적 메시지를 보내는 것이고, 과잉 간섭은 '너의 모습 그대로는 안 된다'라는 메시지를 보내는 것이다. 과보호는 아이를 무력화하여 무가치감을 갖게 하고, 과잉 간섭은 아이의 자아를 빼앗음으로써 무가치감을 유발한다.

마음의 건강한 발달은 태어날 때부터 가지고 있는 성장의 힘(내발적 성장력)으로 이루어진다. 내발적 성장력이 발휘되는 환경을 조성해주면 아이는 알아서 쑥쑥 자란다. 아이의 이런 내발적 성장력을 신뢰하지 못하는 부모가 과보호·과잉 간섭을 한다.

부모가 아이를 믿지 못하고 만사에 일일이 대응하기 때문에 당연히 아이도 자신을 신뢰할 수 없다. 자신을 신뢰하는 마음이 자신감의 본질이므로 아이는 자신감을 얻지 못하여 자신을 무력한 존재로 받아들인다. 지나친 보호와 간섭은 아이가 자기 힘으로 외부 세계에 대처할 기회를 빼앗는다. 그러므로 아이는 외부 세계에 대처할 능력을 기르지 못해서 '자신이 무력하다'는 생각을 뒷받침할 경험들을 쌓게 된다.

과보호는 어떤 형식으로든 과잉 간섭과 이어져 있다. 아이의 감각과 감정을 부모가 앞질러 제시하여 느끼게 하고 원하지 않는 것을 강요하기 때문이다. 이를테면 "배고프지? 이거 먹으렴", "춥지? 옷 하나 더 입어", "선물 받아서 기쁘지? 감사하다고 해야지"라는 식이다.

이러한 부모는 자신이 먼저 나서서 아이의 욕구를 채워주고 감정을 언어화해준다. 이뿐만 아니라, 부모의 감각·감정·욕구를 아이에게 투영하여 그에 따라 행동하도록 요구한다. 그러므로 아이는 자신의 느낌과 감정, 요구를 직접 자신의 감각으로 체험하지 못한 채로 성장한다. 점차 자신의 신체 감각, 감정, 기호가 흐릿해지는 것이다.

어릴 때부터 '배고프다', '피곤하다'라는 감각이 뭔지 몰랐다고 말하는 사람이 있다. 그런 사람은 어른이 되어도 '자신이 무엇을 좋아하는지', '무엇을 하고 싶어 하는지' 알지 못한다. '기쁘다', '즐겁다', '행복하다' 같은 감각이 사실은 어떤 것인지 확신하지 못한다.

'자기 자신'이란 자신의 감각·감정·욕구·소망 그 자체다. 이에 대한 확신이 없다는 것은 '나 자신'에 대한 실감이 희박하다는 뜻이다. 세상에 진정한 자기 자신이 없다고 느끼거나 자신이 투명한 존재 같다고 표현되는 상태다.

아이를 이끈다는 위태로운 도취감

지나치게 보호하고 간섭하는 부모는 그것으로 자신의 삶을 지탱하는 경우가 많다. '이 아이를 위해 헌신하고 있다', '나는 이 아이에게 필요한 존재다'라고 느끼며 자신의 가치를 실감한다. 나아가서는, 아이를 지배하는 자신의 힘에 만족을 느끼고 자기가 이 아이를 바람직한 방향으로 이끌고 있다는 도취감을 얻기도 한다.

이처럼 과보호와 과잉 간섭은 아이가 부모에게 의존하는 상태 같지만, 실제로는 부모가 아이에게 의존하는 상태라 할 수 있다. 부모는 과보호와 과잉 간섭을 수용해줄 아이를 필요로 하는 것이다. 그런 환경에서 아이의 성장과 자립은 부모의 사랑과 보호를 잃어버릴 공포와 연결된다. 그래서 무력한 상태에 머무르려 하는 심리가 형성된다.

과보호·과잉 간섭으로 무력화되어 길러진 탓에 보살핌 외의 방식으로는 부모 사랑을 얻는 방법을 모르는 사람도 있다. 그런 사람은 무력함을 드러내며 자기가치감을 얻으려 한다. 금방 삐지는 아이, 자꾸 넘어져서 다치는 아이, 걸핏하면 싸우는 아이, 자주 몸이 아프다고 호소하는 아이, 비행으로 부모를 힘들게 하는 아이뿐만 아니라 반복해서 돈을 빌리거나 직장을 전전하고 이성 문제를 일으키는 등 언제까지나 어른이 되지 못하는 사람들이 이에 해당할 수 있다.

부모는 이런 자녀에 대해 푸념하면서도 마음 한구석에서는 이런 관계를 환영하는 경우가 적지 않다.

상냥하고 착한 아이의 비극

자녀에 대한 사랑이 깊고 예의가 바른 사람은 이른 시기에 훈육을 시작하는 경향이 있다. 훈육은 부모의 감각, 감정, 사고방식이 아이 본인의 것보다 중요하다고 강요하는 것이므로, 너무 이른 시기의 훈육은 부모의 바람과는 반대로 아이의 무가치감을 형성할 위험이 있다.

자신을 소중히 여기는 자세를 익히기 전에 훈육을 받으면, 심리학자 에릭슨(Erik Erickson)이 말하는 '조숙한 양심'이 형성된다. 조숙한 양심이란, 자신을 소중히 대하는 일보다 주변에서 기대하는 '양심적' 행동에 매몰되는 것을 말한다. 이른바 '착한 아이'가 이에 해당한다.

예를 들어, 아이에게 다정함을 길러주려 하는 부모가 있다. 부모는 아이에게 배려하는 마음을 갖도록 요구한다. 아이가 인형을 안고 있는데 친구가 다가와 "나도 인형 갖고 싶어." 하고 손을 내밀자 아이는 가장 좋아하는 인형을 빼앗기지 않으려고 "싫어!"라며 거부한다. 그러면 어머니는 "인형 빌려주렴. 친구한테 상냥해야지"라고 강요한다. 이와는 반대로, 아이가 자신의 본심과는 달리 '다정함'을 보여주면 칭찬을 받는다. 아이는 이런 상황을 '자신에게 소중한 것'이라고 말하는 것은 '다정함'보다 가치가 없다는 뜻으로 받아들일 수밖에 없다.

너무 이른 시기에 강요되는 양심은 자기 자신을 지우고 타인에게 봉사하는 '지나치게 엄격한 양심'으로 발달한다. 지나치게 엄격한 양심은, 언제나 타인의 쾌적함을 우선하여 자신을 희생해야 하고 자신을 소중히 여기려 하면 죄책감에 휩싸이는 마음이다. 메시아 콤플렉스*도 이런 심리의 일종이다. 이는 자신을 지우고 타인을 위해 희생함으로써 자신의 가치를 실감하는 심리다. 그중에는 봉사 활동에 힘쓰는 등 숭고한 방식으로 살아가는 사람도

* 자신이 타인을 구원하거나 문제를 해결해야 한다는 사명감에 과도하게 사로잡힌 심리 상태를 말한다.

있지만, 이런 심성을 이용당해서 비극적인 삶을 사는 사람도 있다.

조기 교육은 헛수고?

조기에 교육적 환경을 제공해주고 싶은 마음은 부모의 사랑이라 할 수 있다. 그러나 조기 교육으로 자기효능감이나 자신감을 길러주려는 부모의 의도와는 완전히 반대로, 무력감이나 무가치감을 키울 위험이 있다.

요즘 어린이들은 놀기보다 '학습'을 중심으로 생활한다. 일본 학연교육종합연구소의 《유아의 일상생활·학습에 관한 조사(유아백서Web판)》(2017)에 따르면 무언가를 배우는 아이의 비율이 3세는 23.2퍼센트, 4세는 39.5퍼센트, 초등학교 입학 직전인 5세에는 51.0퍼센트에 달한다.

'학습'은 무언가를 '할 수 있게 되었다'는 표면적인 자신감, 즉 상황적 자기가치감을 불러오는 효과가 있을 수도 있다. 그러나 학습이란 외부 기준에 맞추도록 요구받는 일이기에 '지금 자신의 상태는 바람직하지 못한 것이며 외부 기준에 맞도록 자신을 바꿔야만 한다'라는 깊은 신념을 갖게 할 우려가 크다.

아이는 놀다가도 '학습'을 위해 놀이를 중단해야 한

다. 학습을 지속하는 데는 아이나 어른이나 상당한 노력
과 희생이 필요하다. 심지어 그런 노력을 보상받지 못할
때도 있다.

우치다 노부코(內田伸子)의 연구에 따르면, 읽기 쓰기를
일찍 배워 유치원 졸업 시 읽기 쓰기 능력이 뛰어나다 해
도 그 우수함은 초등학교 1학년 9월쯤이면 사라져버린다
(〈말하기에서 글쓰기로〉,《독서과학》, 1989).

스기하라 다카시(杉原隆)가 이끄는 연구팀은, 운동지도
를 많이 하는 어린이집·유치원에 다니는 아이일수록 운
동신경이 낮다는 놀라운 결과를 얻었다. 자유롭게 몸을
움직이고 놀면서 아이의 운동신경은 발달한다. 유아의 몸
과 마음은 노는 과정에서 발달하는 것이다(〈운동 발달을 방
해하는 운동지도〉,《유아지도》, 2008).

◆ ◆ ◆

성장한 후
자신감을 잃는 경우

상황적 자기가치감에 영향을 미치는 요인에 관한 연구도

있다. 자기가치의 수반성(contingency of self-worth)이라 하여, 어떤 경험이 자기가치감에 변동을 불러오는지를 알아보는 것이다. 일본에서는 우치다 유키코(内田由紀子)가 대학생을 대상으로 자기가치 수반성 요인을 연구했는데, 그 결과 주요 요인으로 '경쟁에서의 우월성, 외모적 매력, 관계 조화, 타인의 인정, 학업 능력, 도덕성, 가족·친구의 지지' 7가지를 꼽으며 남자보다 여자가 이런 요인에 영향을 받기 쉽다는 결론을 내렸다(〈일본문화에서의 자기가치 수반성—일본판 자기가치 수반성 척도를 통한 검증〉, 《심리학연구》, 2008).

이번 항목에서는 사춘기부터 성인 시기에 상황적 무가치감을 불러오는 경험을 알아보고자 한다. 그런 경험의 충격이 강하면, 기저적 자기가치감이 붕괴될 정도로 큰 영향을 받는다.

① 열등하다고 느끼는 경험

타인보다 열등하다, 타인과 비교가 되지 않는다고 느끼는 일은 무가치감을 불러온다.

학교는 본래 아이의 자기가치감을 고양해야 할 장소지만, 학교만큼 무가치감을 유발하는 장소도 없다. 학교에서는 모든 아이가 일정 시간 내 동일 과제를 수행하도록 요구받으며 그 완성도를 공적으로 평가받는다. 그러므로 우열은 부정하기 힘든 사실이 된다. '자신은 열등하다'고 느끼며 학교에서 긴 시간을 보내야 하는 아이의 마음이 얼마나 괴로울지 어른은 헤아려야 한다.

게다가 학교에서는 공부뿐만 아니라 운동 능력에서도 우열이 매겨진다. 운동회나 체력장에서 맛보는 괴로움, 자신에 대한 한심한 기분은 어른이 되어도 쉽사리 떨쳐내지 못한다. 시인 에이로쿠스케(永六輔)는 〈소꿉친구〉 세 번째 연에서 이렇게 노래했다.

"초등학교 운동회 날 / 너는 일등, 나는 꼴찌 / 울고 싶은 기분으로 골인 / 그대로 집까지 달려갔던가."

중고등학교 시절 동아리 활동에 매진했던 학생 중에는 결국 '나는 안 되는 사람이구나'라는 의식을 굳히는 경우도 있다.

"중학교 3년 내내 최선을 다했지만, 정규 선수로 선발되지 못했다."

"언제나 성실하게 연습하고 뒷정리도 했는데 결국 시합에는 연습에 자주 빠지는 애가 출전했다. 그 애의 실력이 더 좋아서 어쩔 수 없었지만……."

"경기 중에 선수 교체가 되어 벤치를 지켜야 했다."

이렇게 눈에 보이는 일 말고도 학교에는 본질적 무가치감을 유발하는 성질이 있다. 학교는 복종을 강요하는 장소이기 때문이다. 시간을 나눠놓고 관심과 활동을 강제로 이동시킨다. 아이들은 현실적인 의미도 알지 못한 채 재미도 느껴지지 않는 내용을 머리에 밀어 넣도록 강요받는다.

또 학교에서는 늘 집단으로 취급된다. 입학식 때 아는 사람이 아무도 없는 곳에 내던져진 불안감과 위축감은 누구나 어느 정도 느껴봤을 것이다. 집에서는 부모의 관심과 사랑이 자신에게 집중되었는데, 학교에서 교사의 사랑과 관심은 학급 전체로 분산되고 자신은 '기타 다수'로서 인식된다. 학교 규모가 클수록 이런 경향이 짙다.

학교에서 일어나는 문제 행동 대부분은, 자기가치감을 되찾으려는 아이들의 비극적인 행동이라 할 수 있다.

② **학교 폭력**

학교 폭력이나 집단 따돌림을 당한 피해자는 자기가 치감을 철저하게 짓밟힌다. 그것이 죽음보다 더 두렵고 힘들어서 스스로 목숨을 끊는 아이마저 있다. 설령 그렇지는 않더라도 평생에 영향을 끼칠 만한 심각한 상처로 남는다. 다음은 한 학생의 말이다.

"같은 반 애들한테 '이쪽으로 오지 마', '거슬린다', '너 같은 건 필요 없어'라는 말을 들으며 초등학교와 중학교 시절 괴롭힘을 당했다. 선생님조차 도와주기는커녕 괴롭힘당하는 나를 탓했다. 그래서 본때를 보여주려고 공부를 열심히 했고, 들어가기 힘들다는 명문고에 진학할 수 있었다.

고등학교에서는 괴롭힘을 당하지 않았다. 그런데 괴롭힘당하는 상황에 너무 익숙해져 있어서 오히려 불안감이 몰려왔다. 늘 주변 친구들 안색을 살피고 최대한 눈에 띄지 않으려고 애썼다. 의대를 목표로 죽을힘을 다해 공부했지만 삼수까지 하게 되고 결국 차선책이던 이 대학에 들어왔다. 그런데 남들 눈치 보는 것이 몸에 배서 자유롭게 행동할 수가 없다. 무슨 일이든 나 자신을 탓하게 된다. 아무 가치도 없는 사람 같고 너무 비참해서 죽고 싶을 때도 있다."

WBC 플라이급 세계 챔피언이었던 복싱 선수 나이토 다이스케(内藤大助)는 한 인터뷰에서 자신의 경험을 이야기했다. 중학교 때 위궤양에 걸릴 정도로 심하게 괴롭힘을 당해서 그 계기로 복싱을 시작해 세계 챔피언까지 되었다고 한다. 그런데 세계 챔피언 타이틀 축하 자리에서 중학교 때 자신을 괴롭히던 사람을 보자마자 '아, 또 당하겠다!'라는 생각이 들어 순간적으로 몸이 움츠러들었다는 것이다.

복싱 세계 챔피언이 되어도 학창시절 괴롭힘이 남긴 상처가 되살아날 정도다. 그런 상처는 후유증으로 우울증, 은둔형 외톨이, 공황장애, 과호흡 증후군과 같은 다양한 증상으로 나타나기도 한다.

③ 실패와 좌절

실패와 좌절의 경험은 자신감을 잃게 하고 무가치감을 불러온다.

예를 들어, 대학 진학에 실패하거나 구직 면접에서 예상치 못한 질문에 제대로 대답하지 못한 경험이 이에 해당한다. 심리에 미치는 영향이 일시적이라 훗날 웃으며 떠올릴 수 있는 추억으로 남는 경우도 있고, 실패 경험이 깊게 새겨져 오랫동안 영향을 주는 사례도 있다.

　예쁜 얼굴에 표정이 어두운 여학생이 상담을 요청한 일이 있다. 그녀는 사람들 시선이 너무 신경 쓰인다며 고민했다. 다른 사람이 웃고 있으면 자기를 비웃는 것 같아서 불안해지고 빈뇨, 요실금, 과민성장증후군에 시달려서 늘 생리대를 착용할 수밖에 없다고 한다. 갑자기 배에서 소리가 나거나 변의가 찾아올 때가 많아 모든 역에 서는 전철만 이용하고 콘서트나 극장에도 가지 못한다.

　그녀의 말에 따르면, 이런 증상의 시작은 고등학교 2학년 때 피아노 연주에서 실수한 날부터였다. 3학년 졸업을 축하하는 자리에서 피아노 연주를 맡았는데 긴장해서 건반을 제대로 치지 못했다. 식은땀을 얼마나 흘렸는지 나중에 보니 의자가 땀에 젖어 있을 정도였다. 그 후로 자신감을 완전히 잃고 적극성이 사라졌다. 언제나 몸을 사리는 데 급급한 탓에 그것이 방광과 장 쪽으로 영향을 미쳐 지금 상태에 이르게 되었다는 것이다.

　사람은 일을 통해 자기 가치를 실감한다. 그런데 현대 사회에서는 일 때문에 자기가치감이 무너지는 상황이 많다.

우선 직장을 얻기 위해 활동하는 단계에서 자기가치감이 크게 흔들린다. 서류전형에서 연달아 떨어진다. 면접관 말에 상처받는다. 불합격 통지를 받을 때마다 '무능하다', '쓸모없다', '무가치하다'라는 선고를 받는 것만 같다. 한 학생은 이런 불합격 통지가 대학 입시에서 실패했던 기억을 불러일으켜 더욱 괴로웠다고 토로했다. 자랑스럽게 취직 소식을 전하러 온 학생도 "구직활동하면서 얼마나 많이 울었는지 몰라요"라고 회상했다. 한 조사에서는 구직활동 중인 학생을 대상으로 한 설문에서 '자살을 생각한 적 있다'고 대답한 사람이 20퍼센트에 달했다고 한다(2013년 NPO법인 자살대책지원센터 라이프링크).

입사지원서를 쓰는 시점에서 자신의 무가치함에 직면하는 사람도 많다. 특기, 장점, 학창시절 몰두했던 일과 같은 항목에 쓸 만한 내용이 떠오르지 않을 때 자신의 안이함과 지난 세월에 대한 후회가 밀려온다.

본격적인 구직활동에 나서기도 전에 멈춰버리는 학생도 있다. 일을 잘 해나갈 자신이 없다, 자기 적성을 모르겠다 같은 이유에서다. 주변 친구들은 면접용 정장을 입고 구직활동에 여념이 없고, 일찌감치 취직자리가 정해진 사람도 있다. 그런데 자신은 한 걸음도 떼지 못하고 있다. 그 마음은 철저한 무력감, 고독감, 무가치감으로 점령되어 있을 가능성이 크다.

업무상 실수는 회사의 신용과 손실로 이어지고, 동료와 상사에게 피해를 주는 등 자기만의 문제에 그치지 않는다. 그래서 회사에서 실패한 경험은 커다란 정신적 부담이 되어 상실감, 무능감, 무가치감을 유발하기 쉽다.

④ 외모와 관련된 경험

사춘기가 되면 외모, 특히 이성이 보는 자신의 외모에 큰 가치가 있음을 인식한다. 이에 대한 공언은 터부시되지만, 실제로 외모에 따라 주변 사람의 시선과 대우가 달라진다. 특히 여자는 외모에 따라 다른 세계가 펼쳐진다. 외모로 자신감을 얻는 사람이 있는 한편, 외모 때문에 상처받고 자신감을 잃는 사람도 있다.

N은 어릴 때부터 활발하고 중고등학교에서도 학급에서 중심적 존재였다. 대학에서는 테니스 동아리에서 활동했는데, 교제하는 남자친구도 동아리에서 만났다. 어느 날 동아리 친구들끼리 모여서 잡담을 나누던 중 체형에

관한 이야기가 나왔고 'N은 전형적인 서양배 체형'이라
는 말을 들었다. 당시에는 웃고 넘겼지만 그 자리에 남자
친구도 있어서 그 말은 내심 상처가 되었다.

그녀의 어머니가 전형적으로 하체가 발달한 서양배
체형이고, 어릴 때 아버지가 '너는 엄마 체형을 닮았다'고
말한 적이 있어서 신경이 쓰였다. 고등학교에 들어갈 때
부터 어머니와 체형이 비슷해진다는 자각이 있었지만, 그
것을 노골적으로 지적받은 건 충격이었다.

그 일을 계기로 다이어트를 시작했다. 원래 야무진 성
격이라 섭취 칼로리를 철저하게 제한하면서 착실하게 체
중을 줄여갔다. 체중계에 올라가는 것이 즐거웠고 스스로
몸을 조절하고 있다는 만족감이 들었다. 그런데 어느샌가
먹으면 토하는 상태가 되어 좀처럼 거식증에서 빠져나올
수 없었다. 정신적으로도 불안정해지고 가만히 있으면 살
이 찔 것 같은 강박관념에 시달려서 온종일 돌아다니지
않으면 진정이 되지 않았다. 게다가 집에 아무도 없거나
식구들이 잠든 시간에 그야말로 '냉장고를 완전히 털어버
리는' 과식까지 더해졌다. '무지막지하게 먹어대는 한심
한 나, 어떻게 되든 상관없어!'라는 절망감으로 자포자기
했다. 그러다 병원에 가니 의사가 즉시 입원을 권했고, 입

원 치료로 많이 호전됐지만 대학을 졸업할 때까지 거식에서 완전히 벗어나지는 못했다.

보통은 외모에 대한 열등감이 무가치감으로 직접 연결되지는 않는다. 그러나 외모는 남녀 모두에게 놀림 대상이 되기 쉬워서 괴롭힘으로 이어지는 일이 많다. 연애에서 좌절의 원인이 되기도 한다. 이런 이유로 외모에 관련된 체험이 깊은 상처를 남기는 경우가 있다.

⑤ 배신당한 경험

친한 친구라 생각한 사람이 뒤에서 나를 험담한다. 집단 괴롭힘을 당할 것 같은 상황이 되자 친한 친구가 나를 멀리한다. 옹호해주리라 믿은 상사가 자신을 비난한다. 이처럼 신뢰한 사람에게 배신당하는 경험은 무가치감을 불러온다.

배신당했는데 어째서 분노가 아니라 자신이 무가치하다고 느끼는 것일까? 신뢰란 서로의 가치를 인정한다는 것이기 때문이다. 배신당한다는 것은 상대가 나의 가치를 인정하지 않았다는 사실에 직면하는 것이므로, 상대를 신뢰한 만큼 무가치감을 강하게 느낀다.

가장 전형적인 예가 '외도'라 할 수 있다. 상대가 외도했을 때 여성은 남성과는 달리 상대를 탓하기보다 자신을 책망하기 쉽다.

"그 사람에게 배신당했을 때 '나 같은 건 필요 없다는 뜻이구나'라고 느꼈습니다."

온라인 상담 게시판에 연인이 바람을 피웠다며 사연을 올린 사람의 이야기다.

"후회와 상처로 4개월 동안 자포자기 상태로 있습니다. 지금 떠올려도 너무 무섭고 그냥 확 죽어버리고 싶어집니다. 내가 나라서, 그래서 이런 일을 당한 거라는 생각이 들어요. 자책을 멈출 수 없습니다."

⑥ 가정 폭력과 직장 내 괴롭힘

불합리한 지배에 지속적으로 노출되면 자기가치감이 붕괴되어 무력감, 무능감, 무가치감에 빠진다. 그런 상태 중 하나가 가정 폭력이다. 가정 폭력이라 하면 때리고 차는 신체적 폭력만을 연상하기 쉽지만, 성적 폭력(바라지 않는 성관계를 강요하는 일 등), 정신적 폭력(무시하거나 인격을 부정하는 일 등), 경제적 폭력(생활비를 주지 않는 일 등)도 포함된다.

가정 폭력은 강자가 약자를 지배함으로써 자신의 정당성을 주장하며 상대를 탓하는 것이다. 그것이 반복되면 피해자는 점차 자신에게 잘못이 있는 것처럼 느껴 복종하게 되고 무력해지며 무가치감에 빠진다.

강간은 정신적 무가치화뿐만 아니라 신체에 대한 폭력적인 무가치화로 자기가치 감각을 완전히 망가뜨린다. 피해자는 아무 잘못도 하지 않았지만 어째서인지 자신을 탓하기 쉽고 PTSD(심적외상스트레스장애)로 오랜 기간에 걸쳐 괴로워하는 경우가 많다. 이차, 삼차 피해를 받지 않도록 최대한 신속하고 적절한 지원을 받을 필요가 있다.

직장에서의 괴롭힘은 흔히 갑질이라 하는, 권력형 괴롭힘으로 나타날 때가 많다. 권력형 괴롭힘은 피해자의 인격을 훼손하고 자신감을 앗아가 무능감, 무력감, 무가치감에 빠지게 만든다. 일본 후생노동성의 직장 내 괴롭힘에 관한 포털사이트 '밝은 직장 응원단'에서는 '우월적 관계를 배경으로 이루어지는 행위'를 전제로 하여 다음 6가지 유형을 제시한다.

· 신체적 공격: 때리거나 발로 차는 것 등

· 정신적 공격: 동료 앞에서 질책하거나 모욕, 인신공격을 하
  는 것 등

· 사회적 고립: 혼자 다른 사무실을 쓰게 하거나 회식에 참석
  하지 못하게 하는 것 등

· 과도한 요구: 업무 방식을 모르는 신입사원에게 과중한 업무
  를 지시하는 것 등

· 과소한 요구: 운전직인데 잡초 뽑기만 시키거나 사무직인데
  창고 업무를 시키는 것 등

· 사생활 침해: 사적인 사항에 지나치게 간섭하는 것 등

직원을 착취하는, 이른바 악덕 기업이라 불리는 곳은 기업 전체가 권력형 괴롭힘 상태라 할 수 있다. 그런 기업에서 근무했던 사람이 다음과 같은 경험담을 들려주었다.

"예전에 업계에서 악덕 기업으로 유명한 회사에서 근무했는데, 그때의 경험이 저를 자신감 없는 사람으로 만든 하나의 원인이라고 생각합니다.
사장이 매우 독단적인 스타일로, 전 직원 앞에서 특정 인물을

지목하면서 '당장 사표 써라', '벽지로 보내버리겠다', '너는 이제 끝이다' 같은 말을 습관적으로 하는 사람이었습니다. 유급휴가나 시간 외 수당이라는 개념이 아예 없는 곳이었고 다들 엄청난 격무에 시달렸는데, 나흘 동안 못 씻은 직원이 있을 정도였습니다. 사장 눈 밖에 나면 무의미한 업무만 담당하면서 욕만 먹는 부서로 좌천되고 거기서 고립되어갔습니다. 그 부서에 가는 사람마다 자존심이 산산이 부서져서 그만둘 수밖에 없었습니다.

가장 힘들었던 건 한 달에 한 번 경영진, 주로 사장 연줄로 입사하거나 아부를 잘하는 인물들이 모여서 사원을 한 명씩 몰아세우는 시간이었습니다. 회사에 크게 공헌한 직원도 울면서 돌아온 적 있는데, 나중에 회사를 떠나는 그 친구를 보면서 참담한 기분을 느꼈습니다. '도저히 존경할 수 없는 사람들한테 어째서 이런 말까지 들어야 하나' 하고 억울해하면서도 '어차피 나 같은 건 별수 없겠지'라고 생각한 기억이 납니다."

⑦ 성격에서 비롯된 경험

성격에서 비롯된 괴로운 경험이 무가치감을 강화하는 사례도 있다. 예를 들자면 다음과 같다. 다른 사람들이 즐겁게 이야기하는 데 끼지 못한다. 기껏 말을 꺼내도 섞이지 못하고 분위기가 어색해진다. 같이 점심 먹으러 가자는 말을 듣지 않으려고 도시락을 싸서 다닌다. 직장에서 고립되어 비참한 기분으로 지낸다.

또 이런 예도 있을 수 있다. 겉으로는 아무렇지 않게 다른 사람을 대하지만, 늘 어딘가 불편해서 솔직한 모습을 보일 수가 없다. 상사는 물론 동료에게도 잘 보이려 애쓰며 해맑은 사람인 척 연기한다. 때로는 스스로 아부라 생각할 만한 말을 무심코 뱉기도 한다. 집에 돌아가서 멍하니 있다가 그 순간이 떠오르면 기분이 나빠지고 자신이 한심해서 견딜 수가 없다.

다른 사람과 비교하는 것이 습관이 되어 자주 침울해지고 무능감, 무가치감을 강화하는 사람도 있다.

무슨 일이든 꾸준히 하지 못한다거나, 일을 자꾸 미루는 성격으로 자기부정감을 강화하는 사람도 있다. 이 밖에 무가치감을 형성하는 넓은 범위의 요인에 관해서는 전작《자신감이 생기지 않는 이유—자기가치감의 심리학》에서 자세히 다루므로 관심 있는 분은 참고하기 바란다.

◆ ◆ ◆

불행은
자신의 작품

자기가 선택한 자기 자신

어린아이 마음은 타고난 기질과 주어진 환경의 영향을 크게 받는다. 그러나 완전히 기질과 환경의 노예인 것은 아니다. 적지 않은 부분에서 어린아이 나름으로 선택을 한다.

어른이 되어 어린 시절의 기억이 어딘가 사실과 다르다는 점을 알아챌 때가 있다. 이를테면 어릴 때 그리 크게 보이던 공원에 다시 가보니 깜짝 놀랄 만큼 작기도 하고, 역으로 가는 길에 구멍가게가 있다고 생각했는데 알고 보니 역과는 반대 방향에 있어서 당황하기도 한다. 또한 어릴 때는 누구에게나 부모는 커다란 사람이다.

어린아이는 부모를 잘못 이해하기도 하고 잘못된 방식으로 바라보기도 한다. 정도 차이는 있을지 몰라도 어린아이는 누구나 그렇다. 열등감을 마음 형성의 기초로 본 아들러도, 어른이 된 후의 마음의 문제는 어린 시절에 대한 착각에서 발단하는 경우가 많으므로 그 잘못을 바로잡아야 한다고 이야기한다.

부모는 의도나 바람을 가지고 아이를 대한다. 그러나 그 의도와 바람이 아이에게 온전히 전해지는 것은 아니다. 아이가 해석하고 믿고 싶은 형태로 바뀌어 내재화된다.

어린아이는 자신의 소망을 기반으로 부모의 행동을 해석한다. '이렇게 해주면 좋겠다, 저렇게 해주면 좋겠다'고 부모에게 기대하고, 그 소망과 어긋나는 부모의 행동은 '나를 사랑하지 않기 때문에', '나를 미워하기 때문에'라고 해석한다.

아이는 부모의 기분을 짐작해서 실제 부모의 의도 이상으로 자신에게 기대한다고 오해하기도 한다. 부모와 아이가 함께 면담하면, 아이가 괴로워하는 원인이 부모의 기대나 요구가 아니라 아이의 착각으로 밝혀질 때가 많다.

"엄마는 네가 청춘을 즐기면 좋겠다고 늘 생각했어. 네가 그렇게 무리해서 명문고에 들어가길 바란 게 아니야."

"동생을 보호하는 것이 네 역할이라니, 너한테 그런 기대를 한 적 없어."

"우리 집이 그 정도로 궁핍하진 않았어. 원하는 게 있으면 솔직하게 말해줬으면 좋았을 텐데."

감정을 정하는 것은 사건 그 자체가 아니라 사건을 받아들이는 방식이다. 감정은 그 방식에 따라지며 그 방식은 스스로 선택한 것이다.

남과 비교해서 자꾸 기분이 가라앉는 것도 스스로 선택한 결과다. 수많은 톱 모델의 멘토인 한 여성이 말하기를, 누구나 부러워하는 미를 갖추고 있어도 자신감이 쉽게 흔들린다고 한다. 그들의 비교 대상은 언제나 다른 톱 모델이기 때문이다.

누구와 비교할지는 자기가 선택하는 것이다. 비교한 후 우울해질지, 찬사를 보낼지도 자기가 결정할 수 있다. 애초에 '비교하지 않는다'라는 선택지를 고를 수도 있다.

배신당해서 우울해지는 것도 스스로 선택한 감정이다. 이 상황에서 분노를 선택할 수도, 배신한 사람을 '불쌍한 인간'으로 가련하게 볼 수도 있다.

우리는 이상적인 자기 모습을 상상하고 이상과 현실의 자신을 비교하며 자신을 평가한다. 이상적 자아상이 적절한 경우에는 안정된 자기평가가 가능하다. 다만, 이상적 자아상의 기준이 너무 높으면 자신을 부정적으로 평가할 수밖에 없다. 완벽주의는 이것의 일종이다. 아무리 번듯한 직업을 가져도 무능감이나 무가치감에서 벗어날 수 없다. 한 학생은 다음과 같이 썼다.

> "나는 대학에 들어오기 전에 의상 전문학교에 다녔다. 대학에
> 들어와 더 열심히 의상 공부를 해보려고 했는데, 막상 제작을
> 해보니 내 작품에 도저히 만족할 수가 없었다. 매일 밤 10시까
> 지 연구실에 남아 애써봐도 형태를 갖춰갈수록 마음에 들지
> 않는 부분이 눈에 띄어서 작업이 진행되지 않았다. 지난 4년
> 동안 헛수고를 한 것처럼 느껴질 때가 많다. 내가 제작한 의상
> 으로 어제 발레 공연이 있었는데, 공연을 본 분들이 의상을 칭
> 찬할 때마다 배려를 받는 것 같아서 마음이 불편했다."

자신의 인생은 자기가 만든다

부모 때문에 자신이 이렇게 된 것이라며, 제자리에 멈춰
서서 나아가지 못하는 사람이 있다. 그런 사고방식으로는
현 상태에서 벗어날 수가 없다. 자기 마음이 비뚤어진 원
인을 부모의 불완전함에서 찾으면 모든 상황이 이해될 것
같은 기분도 잘 안다.

그러나 어른이 되면, 아니 사춘기 이후에는 부모 행동
에 반응하는 데 그치지 않고 스스로 의식해서 선택적으로
행동하는 것이 가능하다. 기분도, 성격도, 진학도, 직장도

스스로 선택한 결과라 할 수 있다. 지금의 자기 모습은, 지금까지 자기가 선택한 것의 결과다. 괴롭고 힘든 지금의 마음은 스스로 만든 것이다.

자신의 문제를 해결하고 나서 부모가 되는 사람은 없다. 부모 역시 미숙한 부모에게 길러졌고 마음에 상처를 품고 있다. 자신이 부모에게 받은 부당한 취급은 '부모 마음의 상처가 빚어낸 결과'라고 오히려 연민으로 받아들이는 편이 현명하다. 총명한 학생은 다음과 같이 썼다.

"중학생 때부터 부모님 말씀이 이치에 맞지 않고 대처방식이 부적절하다는 생각이 들더라도 부모님이 상처받을까봐 말하지 않았다."

상황은 외부에서 주어지는 것이지만, 그 상황에서 행복할지 말지는 자신이 결정한다. 역경 속에서도 행복을 빚어내는 사람이 있는가 하면, 행복한 환경에서도 불행을 싹틔우는 사람이 있다. 대부분의 불행은 그 사람 본인의 작품이다.

자기 인생은 자기밖에 만들지 못한다. 자신의 미래를 책임질 수 있는 사람은 자신뿐이기 때문이다. 모두가 자

기연민의 늪에 서서히 빠지지 말고 희망의 계단을 오르는
사람이 되기를 바란다. 늪으로 갈지 계단을 향할지 선택
은 자기 몫이다.

제4장

무가치감을 극복하는 삶의 관점

마음의 온전한 평온은 자기 가치라는 의식 자체를 넘어선 차원에 존재한다.

그것을 손에 넣기는 해탈의 경지에 올라야만 가능한 일이다.

외면을 아무리 꾸며도 내면의 무가치감을 떨쳐낼 수는 없다. 자신을 성장시키고 행복을 향해 나아가는 성실한 노력만이 건강한 자기가치감을 형성한다.

존재 자체의
가치를 확인한다

흔히 '존재하는 것만으로 가치 있다', '존재 자체에 무한한 가치가 있다'라고 말한다. 그러나 정말 힘들 때는 이런 말들이 아무 내용도 의미도 없는 것처럼 느껴진다. 다만, 이런 말에는 확실한 근거가 있다는 것을 알아두면 괴로운 순간에도 적잖은 위로가 된다.

생명의 연결

우리는 오랜 기간에 걸쳐 내려온 생명과 인생을 이어가는 존재다. 통상적인 가계도는 자손 쪽 인원이 많아지는 구조로 그려지므로 선조 쪽으로 갈수록 그 수가 점점 적어지는 듯 보이지만, 실제로는 반대다. 선조로 거슬러 올라갈수록 그 수가 많아진다. 우리 부모에게는 각각의 부모가 있고, 또 그들은 각각의 부모를 갖고, 그 사람들에게도 부모가 있다. 이런 식으로 5대만 올라가도 선조가 총 62명, 10대까지 올라가면 2,046명이나 된다. 2,046명 중 한 사람이라도 없었다면 나라는 존재는 태어날 수 없었을 것이다.

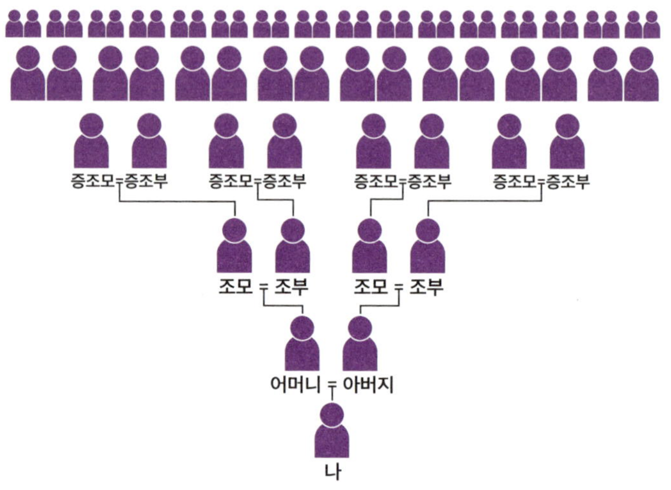

<표3> 거슬러 올라갈수록 선조가 많아진다

우리는 이처럼 다수의 인생이 그물망처럼 얽힌 구조의 한 지점에 위치해 있다. 가계도에서는 이 연결이 각각의 선으로 나타난다. 내게는 그 선이 한 사람 한 사람의 인생을 상징하는 듯해서 나라는 존재가 많은 사람의 인생을 짊어지고 있는 기분이 든다. 그래서 인생을 함부로 살아서는 안 되겠다고, 하물며 나의 목숨을 스스로 버리는 일 따위는 생각할 수 없다고 느낀다. 그리고 내게도 다음 세대로 생명을 이어갈 책무가 있다는 기분이 든다.

대부분은 증조부모 정도까지만 이름을 알고 있으나,

최대한 윗대까지 거슬러 올라가보는 작업을 거치면 정체성이 더욱 명확해지고 자기 존재의 무게를 실감할 수 있을 것이다.

나는 어릴 때 부모를 여의었는데, 20대 초반에 아버지 본가를 찾은 적이 있다. 그때 이웃 사람에게 "고토부키(아버지 이름)의 아들입니다"라고 소개했더니 "그럼 똑똑하겠구나"라는 말이 돌아왔다. 그 사소한 한마디가 내게는 자긍심과 자신감을 안겨주었다. 그날 집안 불단 안쪽에 놓인 작은 사진을 보며 가족 중 한 사람이 "이 사람이 네 어머니란다." 하고 알려주었는데, 사진에는 이목구비가 또렷한 여학생이 있었다. 조금 멋쩍으면서도 마치 지금도 어머니가 곁에서 지켜보고 있는 것 같은 따스함이 느껴지던 순간이었다.

타인과의 연결

우리는 서로의 존재를 환영한다. 부모에게 자녀와 손주는 존재만으로도 기쁨이다. 지나친 보호와 간섭을 하는 부모는 물론이고, 언뜻 자녀의 존재를 환영하지 않는 듯한 부모라도 막상 자녀가 집을 떠나면 가슴에 구멍이 난 것처럼 허전하기 마련이다.

부모가 되어보면 안다. 양육의 어려움 때문에 '자식이 생긴 후에 깨닫는 부모님 은혜'도 있지만, 그 이상으로 자식의 존재가 불러오는 기쁨과 감동이 훨씬 크다는 것을. 갓난아이가 웃으면 "웃었다, 웃었다"라며 기뻐하고, 어린아이의 혀 짧은 소리에 웃음을 터뜨리고, 아이의 일거수일투족에 부모의 가슴에는 환희가 샘솟는다. 그야말로 '자식이 생긴 후에 깨닫는 자식의 고마움'이라고 표현해야 할 정도다. 혹시 지금 부모의 기대에 부응하지 못한다고 자책하고 있다면, 당신이라는 존재만으로 당신의 부모는 커다란 기쁨을 누렸음을 기억할 필요가 있다.

형제자매도 존재 자체로 가치가 있다. 어린 시절 싸우기만 한 형제라도 어른이 되면 누구보다 신뢰하는 관계가 된다. 노년기에 형제의 존재는 그 어느 때보다 든든하고 훌륭한 이야기 상대로서 소중하다.

소꿉친구나 동창처럼 인생의 한 시기를 함께 보낸 친구 또한 서로에게 무엇과도 비교할 수 없는 가치가 있다. 다시 만날 때마다 그리운 시절로 돌아가 기억과 감정을 공유할 수 있기 때문이다.

평생 다투기만 하던 부부도, 한쪽이 먼저 세상을 떠나면 상대의 존재가 자신에게 얼마나 큰 힘이 되었는지 비로소 깨닫는다.

지금 마음속에 자리하고 있는 사람들, 주변에 있는 사람들을 한번 떠올려보자. 내가 상대를 생각하는 것만큼, 어쩌면 그보다 더 많이 나를 아껴주는 이들이 있을 것이다.

◆ ◆ ◆

자기 자신을
사랑스러워하는 마음

내면적 자아와 외면적 자아

'자기 자신'을 인식하는 데는 '내면적 자아'와 '외면적 자아'가 있다. 시나가와 후지로(品川不二郎)는 이를 '내면으로 향하는 자기 자신', '외면으로 향하는 자기 자신'이라 칭하지만, 여기서는 간략하게 '내면적 자아'와 '외면적 자아'로 부르겠다.

자신을 인식하는 데도 내면적·외면적 자아가 있듯이, 자기 가치에도 '내면적 자기 가치', '외면적 자기 가치'가 있다.

내면적 자기 가치란 자신의 인격적 측면에 집중하는 것인데, 예를 들면 다음과 같은 것이다.

노력가, 인내심이 강하다, 성실하다, 배려가 많다, 헌신적이다, 공감을 잘한다, 자제력이 강하다, 공평하다, 용기 있다, 유머러스하다 등.

외면적 자기 가치란 자신의 사회적 측면, 즉 다음과 같은 부분에서 가치를 찾는 것이다.

업적, 평판, 학력, 지위, 직업, 수입, 자격 등 제삼자의 눈에 보이는 것.

사람은 누구나 내면적·외면적 자기 가치를 충실하게 느끼고 싶어 한다. 그것을 위한 노력이 자신의 성장과 사회에 대한 공헌으로도 이어진다.

생애 발달 심리학이 지적하듯이, 우리 인생의 전반은 주로 부모 기대에 부응하여 사회적 가치를 달성하는 데 관심과 노력을 기울인다. 그리고 인생 후반에는 자기 자신에 대한 관심이 더 커지고 마음의 성숙과 더 높은 차원으로 눈을 돌리게 된다. 즉, 인생 전반은 외면적 자기 가치에 충실하려고 노력하는데, 이런 노력이 없으면 성인이 되어 자신감과 자기가치감을 얻기가 어렵다. 은둔형 외톨이가 되거나 임시직을 전전하며 구직활동에서 도망치기만 해서는 무가치감에서 벗어날 수 없다.

외면적 자기 가치는 노력·근면·헌신 같은 내면적 자기 가치의 결과로서 얻어진다. 따라서 내면적 자기 가치야말로 본질적인 것이며, 외면적 자기 가치는 파생적, 주변적 가치에 지나지 않는다. 위대한 성공을 거둔 사람의 인터뷰를 보면, 거의 모든 사람이 성과 그 자체보다 '남들보다 몇 배나 노력해온 것'을 자랑스럽게 여긴다.

그저 웃기만 해도 가치가 있다

무가치감에서 벗어나려면 내면적 자아로 눈을 돌려야 한다.

외면적 자기 가치에 지나치게 집착하면 마음의 평온은커녕 무가치감을 더욱 키울 수밖에 없다. 외면적 자기 가치란 타자와의 비교이며 타자에 의존하는 평가이기 때문이다. 설령 그것을 얻는다 해도 본질이 아닌 주변적인 것이므로 진정한 만족감이나 충실감은 기대할 수 없다. 예를 들어 화가가 자기가 그리고 싶은 그림이 아니라 평판과 판매만 신경 쓰며 그림을 그린다면, 그가 진심으로 자신의 작품에 만족할 수 있을까?

그러나 결코 오기와 허세를 부려서는 안 된다. 한 학

생은 다음과 같이 썼다.

"자기긍정감을 얻으려면 있는 그대로의 자기 모습을 받아들여야 한다고 하는데, 그런 사람은 이미 사회적 성공을 거뒀으니까 그런 말도 할 수 있는 것이라고 생각한다."

많은 이의 솔직한 심정일 것이다. 자기 가슴에 진지하게 물어보고 자신이 사회적 평판을 바란다면 그것을 추구해도 좋다. 특히 젊은 시기에는 사회적 성공을 향한 노력이 에너지가 되어 자신을 성장시키고 삶을 풍요롭게 만든다. 젊은 시기에 그런 자기 목표에 매진하는 경험을 하지 않으면 나중에 아쉬움이 남을 가능성이 크다.

내면적 자아와 외면적 자아의 균형을 맞춰가되 내면적 자아에 더 비중을 두는 것이 바람직하다. 내면적 자아에 자신감을 느끼는 것이다. 이 책은, 매력적이고 풍부한 내면적 가치의 주인공이 되는 것을 지향한다. 이를테면 다음과 같은 특성을 가진 사람이다.

· 괴로움을 견뎌낼 인내심이 있다.

· 일에도, 사람에게도 성실하다.

· 타인을 위해 힘쓰기를 좋아하며 헌신적이다.

· 타인의 약점에 공감할 수 있기에 다정하다.

· 사소한 행복에 만족할 수 있다.

· 끈기가 있다.

· 겸허하다.

언젠가 졸업식 후 축하 자리에서 한 학생이 "대학 수업에 들어가는 게 참 힘들었는데 교수님 미소를 보면 왠지 마음이 편안해져서 무사히 졸업까지 할 수 있었습니다. 감사합니다"라며 내게 인사를 전했다. 몇몇 동료 교원들에게도 비슷한 이야기를 들은 적이 있다. 나는 그저 웃기만 했을 뿐인데, 그것만으로도 가치가 있다는 사실을 깨달았다.

이런 식으로 자신의 장점을 확인하면 자신이 사랑스러워진다. 이런 경험을 쌓아가며 성장하고 인간적인 매력을 길러가는 것이다.

◆ ◆ ◆

도망치지 않고
행동해보기

자아 찾기의 함정

나의 집필 목표는 고민하는 이에게 도움을 주는 것이다. 그래서 고민을 해결하는 데 유용한 마음가짐뿐만 아니라 가능한 한 구체적인 방법을 제시하려고 한다. 자기긍정감이 없어서 고민하는 독자가 내 저서를 읽고 감상문을 보내주었는데 요약하자면 "자기긍정감을 얻는 방법은 잘 알겠지만 그 방법을 적용할 수 없어서 고민하는 것이며, 결국 자아 찾기는 계속될 것 같다"라는 취지의 글이었다.

냉정하게 들리겠지만, 이것은 일종의 어리광이며 도망치는 태도다. 일시적인 위로를 찾아 계속 여러 책을 읽는 사람도 있는데 이 또한 도망이다.

필요한 것은 행동이다.

자신에게 어떤 가치도 느끼지 못하면 자신을 긍정할 방도가 없다. 자신의 가치를 실감할 수 있는 행동을 해야만 자기긍정감을 얻을 수 있다.

아동보호시설에 있는 고등학생들이 장래 희망을 이야

기하는 모습을 텔레비전 방송에서 본 적이 있다. 역경 속에서도 꿋꿋하게 인생을 살아가려는 젊은이들 모습은 언제나 감동적이다. 한때 아동보호시설에 맡겨질 뻔했던 사람으로서 그런 젊은이를 보면 성원을 보내게 된다. 진심으로 그들의 행복을 기원한다. 천애 고아였던 내가 고민만 하며 자아 찾기에 머물렀다면 지금쯤 노숙자가 되었을 것이다. 내 나름대로 행복한 생활상을 그려보고 그것을 실현하기 위해 꾸준히 조금씩 행동했기 때문에 평범한 지금의 인생을 만들 수 있었다고, 나는 굳게 믿는다.

이제 더는 자아 찾기, 자아 탐구 같은 곳으로 도망치지 말자. 자기 안을 아무리 열심히 탐색해봤자 아무것도 발견할 수 없다. 꿈꾸는 자신의 모습을 명확하게 그려보고 그것을 실현하기 위해 노력하는 과정에서 '자기 자신'이 형성되기 때문이다. 그런 후에야 '자신'을 볼 수 있다. 지금 필요한 것은 '자아 찾기'가 아니라 '자아 만들기'다.

성인이 되었는데도 여전히 부모에게 의지하고 있다면 부모 곁에서 떠나라. 혼자 사회에 내던져지면 자아 찾기 같은 태평한 소리는 나오지 않는다.

행복해지기 위한 인생의 비전을 확실하게 세우고 그에 따라 행동하는 것이다. 다음 장부터는 무가치감에서

벗어나는 구체적인 방법을 소개하므로 가능한 것부터 실
행해보기를 바란다.

서두르지 말고 한 걸음씩

어떤 운동이든 연습 없이는 실력이 늘지 않는다. 자전거
타기도 마찬가지다. 머릿속으로 생각만 해서는 자전거 타
는 실력이 늘지 않는다. 신체적 기술에 대해서는 대부분
이를 당연하게 생각한다.

그런데 어째서인지 심리적 기술은 생각과 탐구만으로
금세 능숙해진다고 생각하는 사람이 많다. 흔히 '마음만
바꿔 먹으면 되는 일', '의지만 있으면 되는 일'이라고 하
는데, 전혀 그렇지 않다. 심리적 기술도 연습해야 실력이
는다. 시간을 들여 몇 번이고 반복해서 연습해야 조금씩
능숙해지는 것이다.

무가치감에서 졸업하려면, 내면적 자아를 소중히 여
기는 동시에 내면적·외면적 자아의 균형을 유지하며 자
기 발전을 향해 꾸준히 노력해야 한다.

무가치감이 강한 사람은 자기가 가진 능력 자원과 에
너지를 '괴로움'이라는 감정에 소비한다. 그 자원과 에너
지를 자기 자신이 납득할 수 있는 행복한 생활을 만드는

데 집중할 필요가 있다. 작은 성과를 차근차근 쌓아가며 자신에 대한 확신을 만들어가는 것이다.

"나도 잘할 수 있네. 그래, 열심히 잘하고 있어"라고 칭찬하며 자신을 믿어준다.

그러다 보면 열심히 살아가는 자기 자신이 사랑스러워진다.

그리고 행복은 도달점이 아니라 과정이라는 것을 자연스레 깨닫게 된다.

내 안의 '어린아이'에게 작별을 고하다

자신의 어리숙함에 대한 불안감이나 무력감 같은 감정은 어린 시절의 마음에서 벗어나지 못한 데서 기인한다.

이제 성인이므로 무력하지 않다.

어른이니 스스로 생각하고 자유롭게 행동해도 된다.

어린아이 마음을 어른의 마음으로 전환해야 무가치감에서 해방될 수 있다.

$$\bullet\ \bullet\ \bullet$$

이제는
무력하지 않다

정체성 확립과 무력감

우리는 어머니 뱃속에서 생겨나 유아기, 유년기, 아동기를 부모에게 전적으로 의존하며 자란다. 부모에게 의존한 상태에서 형성된 마음을 토대로, 청소년기에는 부모의 속박에서 벗어나 자신의 마음을 형성해간다. 다시 말해, 청소년기는 아이로서의 정체성을 벗고 어른의 정체성을 갖추는 시기다.

에릭슨에 따르면, 정체성 확립은 그 이전 발달 과정에서 다음 네 가지를 획득하면 자연스럽게 진행된다. 그것은 바로 기본적 신뢰, 자율성, 주도성, 근면성이다.

기본적 신뢰란 한마디로 이 세상에 대한 안심감이며, 자율성은 '내가' 하고 있다는 감각이다. 그리고 주도성은 '내가 주도적으로' 하는 것이라는 감각이고, 근면성은 '끈기 있게 열심히 노력하면 무언가를 달성할 수 있다'는 감각이다. 보통은 이러한 감각을 충분히 얻은 상태로 청소년기에 진입하는 것이 아니므로, 청소년기에는 정체성을 확립하는 동시에 이것들을 재구축하는 것이 과제가 된다.

이 시기에는 '내가', '내가 하고 싶어서'라는 자기주장 행동이 나오므로 부모의 의향과 부딪치기 쉽다. 예부터 반항기라 불리는 시기가 바로 이때다. 반항이란, 종속이라는 어린아이의 정체성에서 졸업하고 독립된 어른의 정체성으로 옮겨가는 작업이다. 오랜 기간 아이에게 부모는 막강한 존재였으므로 그토록 강한 상대에 맞서려면 아이는 자기 힘에 대해 어느 정도 자신감을 가져야만 한다. 자기 힘에 대한 자신감이 형성되지 않은 사람은 반항할 수가 없다.

"중학교 때였습니다. 친구네 집에 놀러갔는데 그 친구가 아버지에게 대들어서 화가 난 아버지가 친구를 잡으러 쫓아다니는 일이 있었습니다. 당시 저는 부모님께 말대답이라고는 상상도 못할 일이라 얼마나 놀랐는지 모릅니다. 동시에, 부모에게 맞설 힘이 내게는 없다는 것을 실감할 수밖에 없었습니다."

어린아이의 무력감을 투영하다

어릴 때 부모와의 관계에서 형성된 마음은 어른이 되어도 어느 정도 남아 있다. 이 마음은 부모를 상징하는 대상을 만났을 때 나타난다. 이를테면 상사나 연장자, 또는 뛰어난 동료 앞에 서면 주눅이 들고 자신이 보잘것없고 무력한 존재로 느껴진다.

한 초등학교 교사는 이렇게 토로했다.

"아이들과 함께 있는 시간이 즐겁고 아이들도 저를 잘 따라줘서 교사라는 직업에는 만족하고 있습니다. 그런데 학부모 공개수업이 너무 힘듭니다. 전날부터 위가 아프고 당일 아침엔 구역질이 나서 아무것도 먹지 못할 정도입니다. 벌써 10년 차라, 지도 면에서는 자신이 있는데도 학부모들 앞에만 서면 자신감을 잃게 됩니다."

책임을 동반하는 일에 과도한 부담을 느끼는 심리 또한 자기 내부에 자리한 '어린아이의 무력감'에 기인할 수 있다.

어른 내면에 있는 '어린아이의 무력감'은 위기 상황에서 더욱 명확하게 드러난다. 돌발적인 사건에 대처해야 할 때 크게 동요하며 우왕좌왕한다. 비판이나 지적, 질책을 당하는 상황이 어린 시절 트라우마와 겹쳐져 혼란이 증폭되는 것이다.

상처받은 경험과 무력감

성인의 정체성을 확립한 사람이라도 그 후 괴롭고 가혹한 경험에서 받은 상처가 무력감으로 남기도 한다.

복싱 세계 챔피언조차 한때 자기를 괴롭힌 상대를 본 순간 어린 시절 마음으로 돌아가 공포를 느끼고 만다. 피아노 연주를 실패한 경험 때문에 소극적으로 변하여 타인의 시선을 두려워하게 된 여성도 있다. 엘리베이터에서 치한을 만났던 사람은 뒤에 낯선 남성이 오기만 해도 몸이 움츠러든다. 회사에서 큰 실수를 한 후로 출근할 때마다 가슴이 심하게 뛰고 과호흡에 시달리는 사람도 있다.

이런 증상은 모두 충격적인 사건으로 인해 자신의 무력함이 뇌리에 새겨졌기 때문이다. 그래서 유사한 상황에 닥치면 무력한 어린아이 상태로 돌아가버린다.

어릴 때는 '크고 강하고 뭐든 할 수 있는 사람이 어른'이라고 생각하지 않았는가? 지금 그런 어른이 된 것이다. 무력감이 자신을 지배할 것 같은 순간, 이 말을 떠올려보자.

"나는 이제 어른이다. 무력하지 않다. 그러니 괜찮다. 이 상황을 극복할 수 있다."

자신의 존재가
미안해지는 이유

과도한 죄책감은 어린 시절 마음의 잔재

어린 '착한 아이'는 "저거 해도 돼요? 이거 해도 돼요?" 하고 일일이 어른에게 허락을 구한다. 그리고 부모의 완전한 지배 아래 자란 사람은 어른이 되어도 달라지지 않는다.

> "장녀라 그런지 어릴 때 동생들이랑 놀고 있어도 '내가 놀고 있어도 되나? 맞벌이로 힘든 엄마한테 미안하네'라고 느끼는 일이 많았습니다. 지금도 친구들이랑 즐겁게 놀 때면 가슴 한 구석에 미안함 같은 찝찝한 마음이 듭니다."

옷을 직접 산다든가, 부모와 상의하지 않고 혼자 무언가를 결정하면 나쁜 짓을 한 것 같은 기분이 든다. 하물며 연애는 마치 부모에 대한 배신처럼 느껴진다.

이런 죄책감은 도덕적 판단을 바탕으로 하지 않는다. 부모 기대에 부응하지 못하거나 부모의 기분을 상하게 한 경험, 즉 부모와의 관계에 기반하는 감각이다. 이 배경에는 부모에게 부정당하는 것에 대한 공포심이 있다.

어린아이는 부모에게 지독한 처우를 받아도 부모를 나쁘게 생각하기는커녕 자신을 나쁜 사람으로 본다. '내가 못된 아이라서 이런 일을 당한다'라고 생각하는 것이다. 이런 식으로 자란 사람은 어른이 되어도 언제나 자기에게 잘못이 있다고 느낀다. "죄송해요", "제 잘못입니다"라는 말을 자주 하는 사람에게는 이런 경향이 있다.

"'너 때문에 엄마 아빠가 애쓰는 거야', '부모를 실망시키지 마라', '폐를 끼치면 안 된다' 같은 말을 어릴 때 부모님께 많이 들었어요. 그래서 무슨 일을 하든지 '내가 열심히 해야만 해'라는 마음이 생겨요, 그러다 노력 끝에 성과를 얻지 못하면 미안함을 느끼고 '못난 나'라고 자책하는 것이 습관이 된 거죠."

죄책감을 느낄수록 주변에서는 '착한 아이'로 본다. 죄책감을 느끼면서 '부모의 기대에 부응하지 못하지만 용서받는 기분'에 빠져 자신을 위로한다. 이처럼 죄책감은 '죄책감을 느끼고 있으니 용서받는다'라고 암묵적으로 용서를 구걸하는 심리다. 한 학생은 다음과 같이 썼다.

"수업 자료 중 '늘 객관적으로 자신을 바라보면 자기가 하는 일을 비난받는 기분을 느끼기 쉽다. 자신을 희생자로 만들어 자기 마음을 위로한다'라는 내용이 그야말로 내 이야기라서 깜짝 놀랐다."

죄책감이란 자기 비난이다. 과도한 죄책감은 과도한 자기 비난이 되어 전혀 관계없는 일까지 자신을 탓하게 만든다. 갑자기 비가 오는 예기치 못한 상황에서 "미안. 내가 비를 부르는 사람이라……"라고 말할 정도로, 좋지 않은 상황에 맞닥뜨리면 무의식중에 '내 탓'이라고 생각하기 쉽다.

자녀가 어른이 되어도 죄책감을 이용해 자녀를 통제하려는 부모가 있다. 한 여성은 어머니의 과도한 간섭 아래 자라서 성인이 된 후에도 인간관계에서 어려움을 겪었다. 그런 딸에게 어머니는 "빨리 독립해라", "얼른 결혼해라"라고 끈질기게 말하면서 막상 딸이 결심하고 집을 나가려 하면 "엄마를 혼자 두고 가는 게 아무렇지 않니?"라며 딸을 비난하고 단념시킨다.

자가증식하는 죄책감

성실하고 부지런한 사람은 그 성격 때문에 불필요하게 죄책감을 키워간다. 그것은 주변 기대에 부응하려는 책임감 때문이기도 하다. 자신에게 부과된 업무에 대해서는 투철한 책임감으로 해내고, 그럼으로써 주변의 평가와 신용을 얻는다. 그러면 그에 힘입어 업무에 대한 책임감이 한층 더 강해진다.

업무에 몰두할수록 직장에서 관여하는 영역이 넓어지므로 소속 부서 전체에 암묵적인 책임을 느끼는 지경에 이른다. 그래서 직접 관련되지 않은 문제가 일어나도 마치 자기에게 책임이 있는 듯한 기분이 든다.

한편, 책임감 있는 행동으로 인해 그 사람에 대한 역할기대가 형성된다. 역할기대란 주변 사람이 어떤 사람에게 '이런 행동을 하기 바란다'라고 기대하는 마음이다. 성실한 사람일수록 이 기대에 부응하는 것을 책무로 느낀다. 자신에게 쏟아지는 신용과 평가를 잃고 싶지 않다는 마음도 작용한다. 어쩌다 회사를 쉬게 되면, 무언가 배신하고 있는 것 같은 죄책감이 일고 불안해지기도 한다.

이처럼 과도한 책임감과 죄책감을 느끼는 이유는, 어른이 되어도 '착한 아이' 심리에서 벗어나지 못했기 때문이다.

'착한 아이'에서 벗어나기

건전하고 적당한 죄책감은 주도성과 자기가치감을 불러온다. 죄로 인식하는 기준이 설정되어 있으면 그 기준을 넘지 않는 한 안심하고 마음껏 자유롭게 활동할 수가 있다.

그러나 에릭슨이 주도성의 대립 개념으로 죄책감을 든 데서도 알 수 있듯이, 과도한 죄책감은 주도성을 방해한다. 타인의 지시와 허락을 얻지 않고 행동하면 죄를 지은 듯한 기분이 들어서 스스로 자주적 행동을 억제하고 만다.

또 과도한 죄책감은 자신을 '복종하는 사람'으로 만든다. 사회에는 죄책감을 이용해 타인을 지배하려는 사람이 있다. 과도한 죄책감을 가지고 있으면 이런 이들에게 이용당하기 쉽다.

부조리한 죄책감으로 괴로워할 필요가 없다.

죄책감으로 자신을 비난하는 것은 아무 의미가 없다.

이제 어른이다. '착한 아이'로 있으려 하지 말자. 누구의 허락도 필요치 않다.

더 자유롭게 행동해도 된다.

◆ ◆ ◆

'특별한 존재'이길 바라는 마음
다루는 방법

자의식과잉은 거만한 자기중심적 사고

'다른 사람처럼 행동할 수 없다' 또는 '다른 사람과 똑같 아서는 자기 자신에게 만족할 수 없다'와 같은 심리의 배 경에는 '나는 특별해야 한다'라는 의식이 있다. 그중에는 직접적으로 특별함을 요구받으며 자란 사례도 있다.

> "부모님 모두 의사고, 특히 어머니는 집안에 자부심을 가진 분 이라 어릴 때부터 '넌 특별한 집안의 장녀로, 다른 애들과는 다르다. 열심히 공부해서 의사가 되어 가업을 이어야 한다'라 는 말을 들었습니다."

자녀에게 '특별해야 한다'는 의식을 갖게 하는 부모는 사회적 지위에 강하게 집착하는 경향이 있다. 그래서 자 녀를 타 학군에 입학시키거나 사립학교에 보내기도 한다.

아이는 동네 아이들과 멀어지고 학교에서도 한정된 교우관계밖에 경험하지 못한다. 집단 안에서 즐기는 힘을 기르지 못해 고립되기 쉬우며 자신은 다른 아이와 달리 '특별하다'고 느낀다. 평등함을 즐기지 못하고 특별한 존재로서 고립된 자신을 과시하려 한다.

자녀에게 특별함을 요구하는 부모는 높은 기준을 제시한다. 성적도 보통 수준에는 만족하지 못하고 늘 더 높은 것을 요구한다. 이런 경험들이 쌓이면 자녀는 완벽주의 경향을 띠게 된다. 만사에 완벽을 추구하며 완벽하지 않으면 실패했다고 느낀다.

'특별한 존재가 아니면 안 된다', '완벽해야 한다'는 의식이 있으면 늘 타인과 비교하며 자신을 확인하려 한다. 다른 사람이 자신을 평가하고 있다는 자기중심적 자의식 과잉 상태에 빠져버리는 것이다.

"수업 자료에서 가장 인상적이었던 부분은, 자의식 과잉이 거만한 자기중심적 사고라는 내용이었습니다. 지금까지 저는 타인의 시선을 신경 쓰며 사는 저 자신을 힘들게 사는 불쌍한 존재로 여겼을 뿐, 세상을 자기중심적으로 바라본다고는 생각하지 못했습니다. 그런데 이번에 자료를 읽고 '그렇게 생각할 수도 있겠구나', '주변 사람들은 그렇게 생각하고 있나?'라는 마음이 들어서 조금 부끄러워졌습니다."

뛰어났던 과거에 얽매이다

어릴 때부터 우수했으니 '특히 뛰어난 사람이 되어야 한다'는 속박에 얽매여 있는 사람도 있다. 예를 들어, 공부를 잘해서 지역 명문고를 나와 전국에서 손꼽는 대학에 들어갔다고 하자. 대학에는 비슷한 수준의 사람들이 모이므로 딱히 두각을 드러내지 못하고 보통 수준에 머무를 수도 있다. 그러면 '우수한 나'라는 정체성이 위협받고 자신감이 흔들린다. 여기서 현실적인 자신의 모습을 받아들이고 정체성을 수정할 수 있으면 좋겠지만, 그렇지 않다면 '다른 사람과 비슷한 자신의 모습에는 가치가 없다', '다른 사람보다 뛰어나야 한다'는 생각에 사로잡히고 만다.

그중에는 취직한 후에도 주변에서 자신에게 바랄 것 같은 특별한 기대를 멋대로 상정하고 자신의 능력을 보여주려 안간힘을 쓰는 사람도 있다. 또는 일에서 자신감을 얻지 못해 출신대학으로 자신감과 우월감을 유지하려는 사람도 있다.

이처럼 '특별해야 한다'는 의식은 우수했던 어린 시절 이미지를 현실적인 자기 이미지로 전환하지 못해서 발생한다.

'특별해야 한다'는 속박에서 벗어나기

자신이 특별하다고 여기는 심리적 특성이라 하면, 자기애가 강한 인격이 연상된다. 자기애가 강한 사람은 아무 근거가 없어도 '자신은 찬사와 특별대우를 받아야 하는 존재'라고 인식하며 그런 인식에 따라 행동한다.

이들은 우리가 앞에서 살펴본 '특별한 존재가 되어야 한다'고 의식하고 행동하는 사람과는 다르다. 자기애성 인격이 희극적 존재라면, '특별한 존재가 되어야 한다'고 생각하는 사람은 '그래야만 한다'는 속박에 괴로워하는 비극적 존재다. '특별해야 한다'는 속박은 많은 청년을 괴롭게 만들고 청년기 정신장애의 적지 않은 부분에 관련된다. 청년기 심리치료는 이 속박을 풀고 '특별하지 않아도 된다'는 자기수용을 불러오는 것이 주요 과제가 된다.

특별하지 않아도 된다는 것은 자기 자신에게 만족할 수 있다는 뜻이다. 자신에게 만족하려면 외적인 자아에 대한 지나친 집착을 버리고 내적인 자아의 비중을 키워야 한다. 즉 자기가 마음 편한 것, 즐거운 것, 만족할 수 있는 것을 소중히 여길 줄 알아야 한다.

앞에서도 언급했듯이, 특별함을 추구하는 마음은 완벽주의적 성향으로 이어진다. 완벽을 추구한다는 것은 단

하나의 정답이 있다고 믿으며 그 정답을 찾으려는 자세다. 단 하나의 정답이 있는 것은 학교 시험뿐이다. 현실사회에 정답 따위는 없다.

'완벽할 필요는 없다. 보통 수준이면 충분하다. 조금 더 잘하면 더없이 좋고!' 딱 이런 정도의 자세면 된다.

◆ ◆ ◆

무엇에 사로잡혀 있는지
알면 편해진다

금지 명령으로 자각하기

과거의 속박에 얽매여 있으면 어떤 일이 일어났을 때 반사적으로 그때의 감정이 되살아나고 무의식중에 행동이 규정된다. 그런 상황을 피하려면 우선 자기 마음과 행동이 어떤 요인에 따라 무의식중에 움직이는지 자각해야 하는데, 이때 '금지 명령'이라는 시점으로 확인해보면 자신을 옭아맨 속박을 알아채기 쉽다.

금지 명령이란 'ㅇㅇ하면 안 된다'라는 형태로 마음에 주문을 걸어 마음과 행동을 무의식중에 통제하는 방식이다. 다음은 대표적인 금지 명령과 그 표현을 담은 것이다.
자신에게 해당하는 내용은 없는지 확인해보자.

① "실행하면 안 된다"

해야 하는 일을 자꾸 미룬다.

지시받은 일은 문제없이 처리하지만 스스로는 행동하지 못한다.

② "아이처럼 즐기면 안 된다"

놀거나 즐기는 일이 마치 나쁜 짓처럼 느껴진다.

무엇을 하든 어딘가 마음이 불편해서 마음껏 즐기지 못한다.

③ "성공하면 안 된다"

중요한 상황에서 실력을 발휘하지 못하거나, 실제로 실수를 하고
만다.

일이 순조롭게 진행되면 불안해진다.

일이 잘 해결되어도 석연치가 않다.

④ "성장하면 안 된다"

사회에 나가는 것에 커다란 스트레스를 느낀다.

상사나 연장자를 대할 때 스스로 미숙하고 무력한 태도를 보인다.

연하를 대할 때조차 자신이 더 어린 사람처럼 느껴진다.

⑤ "중요한 인물이 되어서는 안 된다"

리더나 책임 있는 자리에 오르는 것이 매우 부담스럽다.

자신에게는 뒤에서 지원하는 역할이 더 잘 맞는다고 느낀다.

타인에게 주목받는 것이 힘들다.

⑥ "사람들과 어울리면 안 된다"

다른 사람들과 있는 것이 큰 부담이다.

집단에 들어가는 것이 어렵다.

겉으로는 즐거운 척하지만, 속으로는 거리를 두고 보게 된다.

⑦ "건강하면 안 된다"

언제나 몸 어딘가 불편하다.

중요한 일을 앞두고 몸 상태가 나빠진다.

⑧ "생각하면 안 된다"

생각하면 머리가 아프다.

그때그때 상황의 흐름에 몸을 맡긴 채 살아간다.

감정에 휩쓸려 행동한 뒤 스트레스를 받는 일이 많다.

금지 명령은 '○○하면 안 된다'라는 금지형으로 우리를 얽매는 것이고, 반대로 '○○해야 한다'라는 형태로 우리를 옭아매는 '강요 명령'도 있다. 무가치감이 강한 사람은 이런 강요 명령에 얽매여 있는 경우가 많다.

① "강해야 한다"

약한 모습을 보일 수 없다.

무슨 일이든 속으로 참게 된다.

언제나 남과 경쟁하게 된다.

② "완벽해야 한다"

완벽하지 않으면 만족하지 못한다.

규칙이나 사소한 일에 과도하게 집착한다.

무슨 일을 해도 아쉬움이 남는다.

③ "노력해야 한다"

주어진 일이 지나치게 많아도 끝까지 해내려 한다.

모든 일에 지나치게 성실해서 적당히 넘기지 못한다.

아무리 열심히 해도 노력이 부족하다는 자책감이 든다.

④ **"특별해야 한다"**

남들과 같아서는 가치가 없다고 생각한다.

인정받고자 하는 욕구가 강하다.

자신을 이질적 존재로 느끼는 일이 많다.

⑤ **"남을 기쁘게 해야 한다"**

자기 마음보다도 타인의 기분을 우선한다.

남에게 잘 보이기 위해 자신을 희생한다.

상대 기분이 안 좋으면, 자기 잘못처럼 느낀다.

⑥ **"빨리 해야 한다"**

언제나 재촉받는 느낌이 든다.

편하게 쉬지 못한다.

진행 중인 일이 늘 마음에 걸린다.

⑦ **"(자기 일은) 스스로 알아서 해야 한다"**

남에게 응석을 부리거나 의존할 수 없다.

도움을 받기보다 스스로 알아서 하는 편이 마음이 편하다.

친절을 받으면 큰 빚을 진 것 같은 느낌이 든다.

의식하면 마음이 가벼워진다

자신을 속박하는 금지·강요 명령이 무엇인지 알면 사고와 행동을 의식적으로 조절하는 데 도움이 된다.

금지·강요 명령이 매우 강력하게 작용하는 경우, 그것을 완전히 벗어나는 일은 쉽지 않으며 단기간에 이루어지지도 않는다. 그러므로 당장 벗어나려고 조급하게 애쓰는 것은 바람직하지 않다. 우선은 금지·강요 명령에 속박된 자신의 마음과 행동을 의식하기만 하면 된다.

이를테면 작업을 마쳤는데도 어딘가 부족한 느낌에 시달린다면 '지금 나는 완벽해야 한다는 강요 명령에 얽매여 있구나' 하고 자각하는 것이다. 그러면 '이 부족한 느낌은 불필요한 것이니 그런 기분을 느끼지 말자'라고 마음을 바꿀 수 있다. 이런 작업을 매일 반복하다 보면 자신을 부당하게 깎아내리는 일에서 벗어날 수 있다.

가만히 되뇌기만 해도 힘이 나는 셀프 토크법

일상생활에서 자기 자신을 격려하기 위해 "힘내자!", "한번 해보자!" 하고 소리 내어 말하는 일이 있다. 실제로 이런 말은 자신을 고무하는 효과가 있는데, 이를 의식적으로 활용하는 것이 바로 '셀프 토크법'이다.

무력감이나 무가치감에 사로잡혀 있는 사람은 무의식 중에 자멸적인 셀프 토크를 하는 경향이 있는데, 이러한 말은 마음과 행동을 더욱 혼란스럽게 만든다. 예상치 못한 일이 생겼을 때 무심코 내뱉는 "큰일 났다", "다 망했다", "절대 못해!" 같은 말이 자멸적인 셀프 토크라 할 수 있다. 셀프 토크법은 이런 상황에서 자신에게 적절한 말을 건네어 마음과 행동을 건설적인 방향으로 이끈다.

이번 장의 주제와 관련하여 예를 들자면, 다음과 같은 셀프 토크가 유용하다.

"나는 이제 어른이다. 무력한 어린아이가 아니다."

"내게는 힘이 있다."

"허락은 필요 없다."

"뭐든지 스스로 결정할 수 있다."

"특별하지 않아도 된다."

"보통 수준이면 충분하다."

"남들이 어떻게 생각하든 신경 쓰지 않아도 된다."

"남에게 인정받을 필요가 없다."

"타인을 기쁘게 하기보다 나 자신을 먼저 기쁘게 하자."

그때그때 상황에 맞게 딱 와닿는 말을 사용하면 된다. 스스로 잘하고 있다는 생각이 든다면 다음과 같은 셀프 토크로 긍정적인 생각을 강화한다.

"잘했어!"

"점점 더 좋아지고 있어!"

"장하다, 정말 애썼어!"

"진짜 훌륭해!"

"이 정도면 충분해!"

인생 설계라는 마법 지팡이

인생 풍파라는 말이 있듯이 우리는 종종 삶의 어려움을 거친 파도에 비유하곤 하는데, 그러한 파도에 휩쓸리듯 살아가지 않고 스스로 방향을 잡고 나아가려면 '인생 설계'라는 항해도가 필요하다.

인생 설계는 불안을 희망으로 바꾸고 잠재능력을 끌어내 자아실현으로 나아가게 하는 마법 지팡이다. 인생 설계에 따른 자아실현이야말로 확고한 자기 가치감으로 이어진다.

$$\blacklozenge \ \blacklozenge \ \blacklozenge$$

일상에
희망과 보람을 만들다

인생 설계로 목표를 설정하고 그 실현을 위해 살아가면 일상이 희망과 보람으로 채워진다.

① 인생 항해도가 생기면 미래에 대한 막연한 불안감 따위의 근원적 스트레스에서 해방된다.

② 하루아침에 달성하기는 어려워도 시간을 들이면 달성할 수 있다는 관점이 생겨서 미래를 긍정적으로 인식하게 된다.

③ 노력을 쏟아야 할 일과 그럴 필요가 없는 일을 명확하게 구분하여 시간과 에너지를 효율적으로 활용한다.

④ 성장하고 있다는 느낌, 목표에 다가가고 있다는 자아실현의 기쁨을 실감한다.

⑤ 인생을 스스로 만들어간다는 실감을 얻어 자신을 소중히 여기며 살아간다는 만족감을 느낀다.

인생 설계는 하루라도 일찍 만드는 편이 좋다. 젊을 때는 그만큼 선택의 폭이 넓어지기에 젊은 시절부터 노력하

면 성장 가능성도 더 크고 역량도 빠르게 향상된다. 그러
나 100세 시대이니만큼 몇 살에 시작하든 늦지는 않다.

◆ ◆ ◆

살아갈 용기를 주는
인생 설계

반응적으로 살아가는 삶, 자아를 실현하는 삶

고희라 불리는 나이가 되기까지 실로 많은 이의 인생을
곁에서 지켜보니 우리의 삶은 크게 두 부류로 나뉘는 듯
하다. 반응적으로 살아가는 삶과 자아를 실현하는 삶이다.

반응하는 삶이란, 주변에 일어나는 사건에 반응함으
로써 살아가는 인생을 말한다. 많은 사람이 이런 식으로
살아간다. 뛰어난 재능이 있어도 목적의식이 없어서 그
재능을 한 방향으로 쏟지 못해 끝까지 제 능력을 온전히
발휘하지 못하는 경우가 적지 않다.

반면 자아를 실현하는 삶이란, 꿈이나 소망을 인생 목
표로 삼아 중심을 잡고 살아가는 인생이다. 그 꿈과 소망
이 사회적 가치와 겹치는 사람도 있고 사회적 가치에서

한발 떨어져 내면적 자아의 충실에 가치를 두는 사람도 있다.

어떤 사람이 더 훌륭하다고는 말할 수 없다. 자신이 놓인 환경이나 그 환경 속에서 형성된 심리특성에 따라 저마다의 인생을 살아갈 뿐이다. 다만 한 가지 확실하게 말할 수 있는 것은, 어떤 인생이든 행복을 추구한다는 사실이다. 그렇다면 '행복한 인생'이란 무엇인가? 이런 생각을 할 때면 나는 오랜 지인의 90년 인생을 떠올린다.

그녀는 작은 시골 마을에서 태어나 동네 친구인 공무원 남성과 결혼하여 2남 3녀를 두었다. 장남 가족과 동거하며, 집을 떠난 자녀들이 손주와 증손주를 데리고 고향 집에 찾아오는 것을 무엇보다 큰 즐거움으로 삼았다. 잡초 뽑기가 취미였는데 심란할 때도 잡초를 뽑고 있으면 마음이 맑아진다고 했다. 오전에는 밭일을 조금 하고 오후에는 이웃들과 차를 마시며 이런저런 이야기를 나눴다. 3년마다 가까운 곳으로 이웃들과 다 같이 가는 여행 이야기가 나오면 분위기가 특히 무르익곤 했다.

그녀는 남편을 보낸 후 몇 년 지나서 많은 가족과 이웃이 따뜻하게 지켜보는 가운데 세상을 떠났는데, 마지막까지 주변 사람들에게 다정한 마음과 감사를 전했다. "행복해, 행복해"가 그녀의 말버릇이었다.

특별한 소망 없이 지금 생활에 진심으로 만족하는 인생, 이처럼 환경에 반응하며 살아가는 삶이라면 그것도 분명 행복일 것이다. 그러나 이 책에서 주목하는 삶의 방식은 어쩌면 이런 삶만으로는 만족하지 못할지도 모른다.

행복한 인생의 조건

현재 젊은 층 가운데는 앞으로 100세를 넘는 사람이 드물지 않을 것이다. 따라서 긴 미래를 내다보며 인생을 어떻게 살아갈 것인지 가능한 한 이른 시기에 생각해볼 필요가 있다. 눈앞의 행복뿐 아니라 '미래를 더욱 행복한 시간으로 만들려면 어떻게 해야 하는가?'라는 관점에서 바라봐야 한다. 자신이 진정으로 바라는 것을 분명하게 인식하고 그것을 삶의 지침으로 삼지 않으면 상황에 반응하며 끌려가는 인생을 살게 된다. 주체적으로 자아를 실현하며 살아가고 싶다면 자기 나름의 인생 설계는 필수적이다.

인생 설계의 실질적 효과는 다음과 같은 조사에서도 확인된다.

1953년 예일대학교에서 흥미로운 조사가 이루어졌다. 그해 졸업생 전원에게 '지금 명확한 인생 설계가 있는가? 만약 있다면, 그것은 어떤 목표인가?'라고 물었다. 그 결과 확실한 목표를 가진 졸업생은 겨우 3퍼센트에 불과했다.

그리고 20년 후, 후속 조사가 진행되었다.

졸업 시 확실한 목표가 있던 3퍼센트는 다른 졸업생에 비해 건강 상태도 양호하고(질병에 걸리는 횟수가 적었다), 가정생활도 원만했으며(이혼율이 매우 낮았다), '현재 생활에 만족하고 행복하다'고 답한 비율도 더 높았다. 그런데 그 3퍼센트 사람이 대상자 전원의 재산 중 약 95퍼센트를 가지고 있었다. 즉, 나머지 97퍼센트 사람이 가진 재산은 5퍼센트에 불과했다(위르겐 휠러, 《성공의 조건》).

이처럼 젊은 시기의 인생 설계는 한층 더 건강하고 경제적으로 여유롭고 행복한 가정생활을 꾸려가는, 만족스러운 인생으로 이어진다.

어느 분야에서든 뛰어난 성과를 거둔 사람이라면 누구나 자신만의 뚜렷한 인생 설계를 가지고 있을 것이다. 목표가 없던 K가 비극적 결말을 맞은 데 비해, 의사라는 명확한 목표를 잃지 않았던 M은 자립하여 안정적인 생활에 이를 수 있었다.

　나 역시 인생 설계 효과를 절절하게 실감한다. 의지할 데라고는 나 자신뿐이었으므로, 어떤 삶으로 만들어야 할지 10대 후반에 인생을 계획했다. 이 인생 설계를 따라왔기에, 평범한 나라도 남들만큼 이뤄내고 내 나름대로 만족할 만한 인생을 살 수 있었다고 믿는다. 지금도 그 인생 설계에 따라 그 어느 때보다 더욱 활발하게 자아실현을 하며 살아간다.

　'인생 설계를 따라서 살아갈 수 있는 것은 의지가 강하기 때문'이라고 생각할지도 모른다. 인생 설계에 따라 착실히 나아가는 사람 중에는 의지가 강한 사람도 분명 있다. 그러나 내 경험으로 미루어볼 때, 의지가 약한 사람이야말로 상세한 인생 설계가 필요하다. 게을러지기 쉽고 좌절하기 쉽기 때문에 자기 자신을 지탱하는 '삶의 기준'이 필요한 것이다. 확고한 인생의 기준과 목표 없이 자신을 다스리는 사람이 오히려 특별히 강한 사람이라 할 수 있다.

◆ ◆ ◆

공연한 욕심을 덜어내면
지치지 않는다

우리는 괜한 일에 신경을 너무 많이 쓴다. 무가치감이 강할수록 온갖 것에 신경을 쓰게 되므로 그만큼 더 지치고 만다.

더 단순하게, 더 즐겁게 살아도 된다.

자기 삶에 필수적인 것이 무엇인지 파악해두면 한결 마음이 편해진다. 이런 작업이 인생 설계 기반이 되어 노력을 쏟아야 할 방향이 정해져서 사사로운 것에 연연하지 않게 되기 때문이다.

다음과 같은 확인 방식이 유효하다.

① 자신이 욕심내는 것을 열거한다.

빈 A4 종이에 자기가 바라는 것을 떠오르는 대로 적어본다. '물건', '업무상 능력', '능숙해지길 바라는 일', '꿈꾸는 자기 이미지' 등 뭐든 좋다. 일단 생각나는 대로 마구 적는다.

② 살아가는 데 필수적이지 않은 것을 지운다.

써놓은 내용 가운데 '없어도 살 수 있는 것'은 두 줄을 그어 지운다. 물질적 욕구나 외면적 자아에 관련된 욕구가 압도적으로 많이 지워질 것이다. 이로써 자신이 얼마나 물질적 욕구와 인정욕구(과시욕)에 얽매여 있는지 실감할 수 있다.

③ 살아가는 데 필수적인 것을 확인한다.

'없어도 살 수 있는 것'을 다 지우면, 극히 소수의 '필수적인 것'이 남는다. 젊은 시절 내가 이 작업을 진행했을 때는 건강, 수입, 애정, 자아실현이 남았다.

▶ **건강:** 성인이 되기 전까지 입원만 세 차례, 반년 가까이 병원에서 지내기도 했다. 성인이 된 후로도 해마다 절반은 앓아누워 있는 등 매우 병약했기에 건강을 최우선 과제로 삼고 규칙적인 생활을 유념하기로 했다.

▶ **수입:** 생계를 꾸릴 수 있는 수입을 얻길 바랐다. 안정된 수입이라면 더 바랄 것이 없었다. 이것을 확인하자 마음이 매우 가벼워지며 활동의 자유가 커졌다. 예를 들어, 직장은 기본적으로 '생계

를 위한 수입을 얻는 장소'라고 인식하고 승진 같은 것을 바라지 않았으며 직장을 옮기기도 쉬웠다. 게다가 '생활을 꾸려갈 정도의 수입'이 있으면 직장에서 근무하지 않는다는 선택지도 생겼다. 그래서 급료 외 수입원을 장기적 계획으로 준비해서 조기퇴직하고 자유롭게 연구생활을 즐길 수 있었다.

▶ **애정**: 마음을 나누는 친구가 있고, 사랑하는 사람이 있는 것이다. 아무리 사회적으로 성공해도 애정 면에서 만족스럽지 않으면 행복한 인생이라 하기 어렵다. 대학원 시절, 여성 선배의 취직을 축하하는 자리가 있었는데 그 선배가 "다음 목표는 결혼입니다"라고 말해서 내심 의아했던 기억이 난다. 당시 나는 결혼은 너무 당연한 일이라 굳이 목표로 삼을 필요가 없다고 느꼈기 때문이다. 그러나 30대 후반에도 미혼인 사람이 많은 현시대에는 결혼을 하나의 목표로 설정하고 의식적으로 추구할 필요가 있다고 본다. 결혼과 가정생활을 명확한 인생 목표 중 하나로 설계하지 않으면 시기를 계속 미루기 쉽다. 물론 커리어를 삶의 보람으로 여기며 독신으로 살아가겠다고 의식적으로 선택하는 경우에는 이야기가 다르지만, 결혼하고 싶은 마음이 있는데 미루기만 하면 후회가 남을 수밖에 없다.

▶ **자아실현:** 자신이 꿈꾸는 자신의 모습, 달성하고 싶은 일 등이다. 어떤 이에게는 직업과 겹쳐질 것이고, 어떤 이에게는 취미나 특기일 수도 있다. 누군가에게는 인생의 사명 같은 것일지도 모른다. 어느 쪽이든 '꿈의 실현'이다. 꿈을 가지고 자아실현을 추구하는 자세는 인생에 필수적이다.

인생에 불필요한 것들을 한번 덜어내보자. 그러면 '굳이 이것저것 욕심낼 필요가 있나, 괜한 욕심으로 고생할 필요는 없지' 하고 마음이 담담해진다.

◆ ◆ ◆

꿈을 일상생활 속에
녹여 넣기

오래 품어온 꿈

젊을 때는 누구나 꿈을 품는다. 그리고 그 꿈은 대부분 실현되지 않는다. 프로 운동선수를 꿈꾸는 사람을 비롯하여 많은 사람이 고등학교를 졸업하는 열여덟 살에 그 꿈을 포기한다. 조금 더 힘을 낸다 해도 대학을 졸업하는 스물

두 살에 어쩔 수 없이 꿈을 내려놓아야 하는 경우가 많다.

중년기까지의 생애 주기를 연구한 레빈슨(Daniel Levinson)에 따르면, 젊은 시절부터 품은 꿈을 어떤 형태로든 일상생활에 포함하는 것은 삶의 만족도를 높인다. 반대로, 꿈을 일찌감치 포기한 사람은 불만감을 품고 중년기를 맞을 가능성이 크다(다니엘 레빈슨,《남자의 인생 사계절》).

꿈을 현실적인 형태로 바꿔서 생활 속에 자리하게 하면 인생이 한층 풍요로워진다. 꿈이 축구선수였다면 지역 축구팀에 참가한다든가, 어린이 축구교실 코치를 맡는 식이다. 음악가를 꿈꿨다면 뜻이 맞는 사람들을 모아 음악 활동을 이어가며 다양한 기회를 잡을 수도 있다. 소설가가 꿈이었다면, 동인지 활동으로 평생 즐겁게 글을 쓰는 선택지도 있는 것이다.

치과의사인 숙부는 독서를 즐기고 시를 읊으며 손재주를 살려 공예에 심취하는 등 다양한 취미로 인생을 즐긴다. 개인전을 열었더니 깜짝 놀랄 수준의 매출이 나와서 상시 전시실이 설치되었을 정도다. 회사원이었던 또 다른 숙부는 주말 화가로, 큰 작품전에서 몇 번인가 입상하는 등 정년 후에도 그림을 그리느라 지루함 따위는 모르고 산다.

게다가 인터넷은 꿈의 실현 가능성을 무한히 확장해 준다. 온라인으로 자본금 없이 가게나 회사를 차릴 수 있을 뿐만 아니라 전 세계에 홍보와 판매까지 가능하다. 실제로 자기 작품을 온라인에 전시하고 판매하는 사람은 수없이 많다.

꿈을 실현하는 시간 계획

꿈을 실현하는 시간 설계도 중요하다. 지금 바로 실현할 수는 없어도 3년, 5년, 10년을 내다본다는 자세로 임하면 기대 이상으로 능력이 향상되어 꿈에 다가갈 수 있다. 어느 분야든 좋아하고 잘하는 일을 꿈으로 삼아 10년을 꾸준히 하다 보면 웬만한 전문가에 버금가는 실력이 쌓인다.

이처럼 오랜 기간 꿈의 실현을 향해 나아가려면, 학습 곡선을 기억해두는 편이 좋다. 능력은 연습량에 비례해서 직선형으로 상승하는 것이 아니라, 계단형으로 향상된다. 처음에는 실력이 빠르게 늘지만 이내 아무리 연습해도 실력이 제자리걸음하는 시기가 온다. 그 단계에서 포기하지 않고 연습하면 또 한 계단 올라갔다고 느껴지는 시기가 오기 마련이다. 그 과정의 반복으로 능력은 향상된다.

피아노 같은 악기를 배워본 사람이라면 경험으로 알고 있을 것이다. 아무리 연습해도 실력이 늘지 않는 시기를 '학습 고원(高原)'이라고 한다. 다음 단계로 나아가는 준비시간으로, 이때 꾸준히 연습하면 반드시 한 단계 상승을 실감하는 순간이 온다. 그런데 많은 사람이 이 고원에서 '더는 못해. 여기가 내 한계야!'라며 포기한다. '꾸준함이 힘이다'라는 옛말처럼, 포기하지 말고 즐기면서 나아가야 한다.

구체적인 설정법

꾸준히 노력하는 데는 막연한 의지가 아니라 구체적인 목표 설정이 필요하다. 여기서 목표는 자신의 노력으로 달성할 수 있는 것이어야 한다.

'30대에 과장이 되고 싶다', '○○상을 타고 싶다', '아이를 ○○대학에 입학시키고 싶다' 같은 꿈을 가지고 있을지도 모른다. 그러나 승진 여부는 회사가 정하는 것이고, ○○상 수상은 심사위원단이, ○○대학 진학은 아이 본인이 정하는 일이다. 이런 일은 가슴속 꿈으로 품고 있으면 되는 것으로, 삶의 희망과 활력이 되는 것이다.

다만, 지속적인 노력이 가능하려면 단순한 꿈이 아니

라 생활설계가 있어야 한다. 생활설계란, 꿈을 실현하기 위해 자기가 어떤 실력을 길러야 하는지, 어떤 행동을 해야 하는지 분명하게 파악하고 그 달성을 목표로 삼는 것이다.

예를 들어, '영업으로 1억 엔 매출 달성'이 꿈이라면 자신의 영업 실적을 높이는 데 무엇이 필요한지 확인하고 그에 따른 행동계획을 세우는 것이다. 경쟁사 상품을 비롯해 관련 상품군에 대한 이해를 높이거나, 발표 자료의 설득력을 높이는 일일 수도 있다. 발표 능력을 키우거나 고객과의 사전 협상과 사후 지원을 더욱 충실히 하는 것일 수도 있다. 30대에 과장이 되고 싶다는 꿈이 있다면, 그에 걸맞은 능력이 무엇인지 파악하고 그 능력을 향상시킬 계획을 세워야 한다.

꿈은 있는데 실현하기 위한 행동을 하지 않는 사람이 많다. 꿈을 현실 도피 수단으로 삼기도 한다. '바라면 이루어진다'라는 말의 전제에는 '실현을 위한 행동'이 있는 것이다. 바라기만 하고 행동하지 않으면 꿈은 절대 실현되지 않는다.

몸과 마음을 쏟아부어도 후회가 없을 일을 꿈으로 삼

아 인생 설계에 넣어보자.

자기가 원한 선택이라고 확신할 수 있는 목표에 매진하는 과정은 힘들어도 즐겁다. 노력하는 스스로가 자랑스럽고, 자기 가치에서 오는 기쁨을 온전히 만끽할 수 있다.

◆ ◆ ◆

<h2 align="center">실제로
만들어보기</h2>

인생 구획을 나눈다

인생 설계에는 앞에서 검토한 사항이 주축이 된다. 여기서는 내 삶의 필수적 요소로 남은 '건강, 수입(직업), 애정(가정생활), 자아실현(꿈의 실현)'을 예로 들어보겠다. 인생 설계에 이런 항목들을 의도적으로 넣지 않으면 생활이 자칫 일이나 꿈의 실현에 편중되어 건강을 해치거나 가정생활에 소홀해질 수 있다.

모든 항목을 두루 고려하며 15년, 20년 후까지 내다보고 구체적인 목표를 세워 실행계획을 만든다.

나는 장기계획은 15년 단위로 잡고, 그것을 다시 5년 단위로 구획을 나누었다. 취직하고 첫 15년은 직장과 업무에 익숙해지고 교육·연구 능력을 높이는 것을 주요 목표로 세웠다(자기성장기). 다음 15년은 내 나름의 심리학을 구축하는 것, 그것을 젊은이에게 도움이 되는 방향으로 적용하기라는 새로운 목표를 세웠다(자아실현기). 이 시기 중반쯤 조직에 속한 상태에서는 자아실현을 확대하는 데 한계가 있음을 깨닫고 전적으로 내발적인 자아 욕구에 따를 수 있는 상황을 바라게 되었다.

그래서 다음 15년간은 독립을 목표로 삼았다(독립기). 그 15년 중 첫 5년은 독립 준비 기간, 다음 5년은 직장을 그만두고 독립하여 자리를 잡는 데 집중했다. 다음 15년간은 봉사 활동이 중심이 되는 생활(대아기)로 계획하고, 현재는 심신 쇠퇴를 실감하면서도 젊을 때부터 해온 사회 활동, 고민하는 젊은이를 위한 집필, X(옛 트위터) 활동을 조금씩 하고 있다.

이처럼 15년간의 목표를 정하면 그 안에 5년짜리 3단계 계획이 정해진다. 또 그에 따라 1년 목표가 정해진다. 매년 새해가 되면 연간 계획을 잘 적어서, 아끼는 가죽 커버 다이어리에 모아놓는다. 이런 신년 작업을 할 때마다 즐겁고 충실한 한 해가 될 것 같은 기분이 든다.

재검토도 필요하다

설정한 목표는 가능한 한 달성할 때까지 끈기 있게 추구하는 것이 기본이다. 그러나 목표를 다시 설정하는 유연성도 필요하다.

처음에는 의욕이 앞서서 너무 높은 목표를 세울 가능성이 크다. 실행하기 힘든 일정을 세워놓고 버거워서 포기해버리기 쉽다. 계획을 따르기가 너무 힘들다면, 현실적인 수준으로 조정하거나 일정에 여유가 생기도록 수정한다.

특히 장기적인 인생 설계·목표 설정은 재검토를 피할 수 없다. 과거의 자신이 정한 것이기에 현재의 자신과는 맞지 않는 부분이 생기기 때문이다. 과거의 자신보다 성장하고 성숙한 상태이므로 만족하는 수준이나 추구하는 바도 예전과는 다르다. 이런 불일치는 자연스러운 현상이다. 이를테면, 신입사원 때는 정년까지 이 회사에 근무하는 것을 목표로 했어도 능력을 더 발휘할 수 있는 회사로 옮기고 싶어질 수 있다. 중년기를 지나면 일보다 내면적 자아를 충실하게 하는 데 더욱 관심을 두게 된다.

장기적인 인생 설계를 돌아본다는 것은 '현재 삶의 방식을 유지한다면 어떤 점에서 후회가 남을까?', '후회하지 않으려면 지금 생활을 어떻게 바꿔야 하나?'라는 관점에서 바라본다는 뜻이다. 현재 일에 너무 몰두한 나머지 건강 관리에 소홀하거나 가정을 돌보지 않는 사람도 있을 것이다. 삐걱거리는 부부관계를 방치하고 있을지도 모른다. 이런 문제를 회피하지 말고 현재 생활을 어떻게 수정해야 좋을지 생각해보고 실행으로 옮길 필요가 있다.

더욱 만족스러운 미래를 얻고 싶다면 '지금 생활에 어떤 요소를 더해야 할까?'라는 시점도 필요하다. 삶의 보람이나 라이프워크 등 더 높은 수준의 자아실현이라 할 만한 일을 장기적 계획에 추가해야 한다. 그 목표를 달성하고 생을 마칠 수 있다면 더할 나위 없고, 이루지 못하더라도 그 목표를 좇으며 살다 생을 마친다면 그 또한 아쉬움이 없을 일을 인생 설계에 담는 것이다.

제7장

일을 통해 진정한 자신감 얻기

일에 대한 몰두는 자기 성장으로 이어져 인생의 견고한 토대가 된다.

명확한 목표를 향해 성실하게 매일의 업무에 임하는 것.

이런 경험이 축적되면서 내 안에 자기가치감이 쌓여간다.

일을 자아실현
수단으로 삼는 방법

소거법으로 정한다

학창시절 우수했던 성적이 반드시 사회생활에 대한 자신
감으로 이어지는 것은 아니다. 학교에서 요구되는 능력과
직장이라는 사회에서 필요로 하는 능력은 전혀 다르기 때
문이다. 일이란 생활 능력 그 자체이므로 일에서 얻는 자
신감은 삶에 대한 자신감과 직결된다. 다시 말해, 일에 매
진하는 일상 없이는 살아갈 자신감을 얻을 수 없기에 무
가치감에서 벗어나기 어렵다.

에릭슨은 청년기의 발달과제로 정체성 확립을 든다.
그 주요 내용 중 하나가 '직업 결정'이다. 그에 따르면, 직
업을 결정할 때 고민하고 망설이고 괴로워하는 것은 자연
스러운 청년의 모습이며, 청년기란 직업을 모색하는 시기
다. 고등학교를 졸업하는 시점에서 일찌감치 직업을 결정
하는 이도 있고, 특정 자격을 취득하기 위해 대학에 진학
하는 등 실질적으로 방향을 결정하는 이도 있다. 그러나
실제로는 대학 진학 자체를 목표로 삼고 졸업 후 직업까

지는 내다보지 않는 사람이 압도적으로 많다. 구직활동을 시작할 즈음에야 직업에 대해 고민하는 학생이 나오는 이유가 바로 여기 있다.

'일을 잘 해나갈 자신이 없다', '하고 싶은 일이 없다', '어떤 일이 자기에게 맞는지 모르겠다'라며 구직활동에 나서지 못하고 상담하러 오는 학생에게 나는 '소거법으로 결정하기'를 제안한다. '이런 일은 도저히 못하겠다', '이런 일은 내게 맞지 않는다'라는 생각이 드는 직종을 하나씩 지워가며 남은 분야에 도전해보는 것이다.

'이런 일이라면 해볼 수 있지 않을까'라는 생각 정도면 충분하다. '지우다 보니 이것밖에 남지 않아서' 선택하는 것이어도 좋다. 어쨌든 소거법으로 선택한 분야에서 전력을 다해 구직활동에 임해본다. 그리고 직장이 정해지면 일단 열심히 근무해보는 것이다. 그 후의 일은 그때 또 생각해보면 된다. 구직활동에 매진하는 사람들이 전부 자신의 천직이라고 믿는 직업이 있어서 그 분야를 택한 것이 아니다. 그 증거로, 신입사원의 약 30퍼센트가 입사 3년 안에 그만둔다.

사례를 멀리서 찾을 필요도 없다. 나도 소거법으로 직업을 선택했다. 병약하고 왜소한 내게 육체노동은 도저

히 불가능했고, 풀타임으로 근무하는 기업에서도 잘 해나
갈 자신이 없었다. 하물며 접객이나 영업 쪽은 더욱 자신
이 없었다. 결국 남은 선택지가 학교에 매달리는 것뿐이
었다.

고된 구직활동을 거쳐 취업에 성공한대도, 업무상 잘
할 자신이 없다든가 남보다 뒤처진다고 느끼는 때가 있기
마련이다. 그때는 상대에게 어떻게 보일지 걱정하지 말고
선배나 상사에게 적극적으로 가르침을 구해보기 바란다.
어느 직장이나 구성원들이 몇 개 그룹으로 나뉘는데, 그
중에서도 성실하고 건설적인 사고방식을 가진 그룹에 속
하도록 유념할 필요가 있다.

일을 하다 보면 실패나 좌절이 따라오는 법이다. 대기
업 사장처럼 사회적으로 큰 성공을 거둔 사람 가운데 많
은 이가 젊은 시절의 실패를 고백한다. iPS세포(유도만능줄
기세포) 연구로 노벨상을 받은 야마나카 신야(山中 伸弥) 교
수 역시 한때 커다란 좌절을 겪었다. 그는 외과를 희망했
으나 수술 보조 역할로도 도움이 되지 못해서 지도 교수
에게는 이름 대신 '방해꾼'이라 불릴 정도였다. 결국, 외
과의라는 꿈을 포기하고 기초의학으로 방향을 전환했다

(야마나카 신야·마스카와 도시히데, 《'대발견' 사고법(「大発見の思考法)》).

　실패로 위축되거나 포기하는 대신, 실패를 도약의 발판으로 삼는 자세가 필요하다. 통상, 실패는 그 자체의 문제라기보다 그 후의 대처방식이 문제가 된다. 실패란, 예기치 못한 부정적 상황 자체가 아니라 그 상황에 제대로 대처하지 않는 것을 말한다. 그런 경험을 도약의 계기로 삼아 실력을 키워가면 된다. 작년보다 올해, 올해보다 내년에 더 나아지도록 목표를 명확하게 세우고 능력을 길러가는 것이다.

　자신에게 딱 맞는 일 따위는 애초에 존재하지 않는다. 정도 차이는 있을지 몰라도 누구나 일에 맞춰서 자신을 바꿔간다. 완벽하게 딱 맞는 일을 찾으려 하지 말고, 어느 정도 만족할 수 있을 만한 일에 일단 최선을 다해본다. 그 과정에서 능력이 갖춰져 일을 즐길 수 있게 되면 이윽고 그것이 자신에게 잘 맞는 일이라 생각하게 된다.

　그래도 도저히 만족할 수 없으면 길을 바꾸면 된다. 내 주변에도 한 번 선택한 직업을 버리고 진로를 변경한 사람이 적지 않다. 한 친구는 수학에서 심리학으로 전공을 바꿨고, 함께 심리학을 공부한 대학원 동기는 자격증을 취득하여 부동산 중개사가 되었다. 동료였던 수학과 교수는 프랑스어 통역사로 직업을 바꿨다.

다만 진로변경을 할 때 하더라도, 우선은 실력을 갖추는 것이 자신에게 맞는 직업을 찾는 필요조건이다.

일에도 인생 설계를 적용한다

직장 생활을 하다 보면, 자기가치감을 높이기보다 무가치감을 실감하는 상황이 훨씬 많다. 과도한 업무와 빠듯한 일정에 쫓겨 주어진 일을 해치우는 데 급급해서 일을 통해 성장하기는커녕 소모감만 느끼기도 한다. 특히 무가치감을 가진 '좋은 사람'일수록 이런 상태에 빠질 위험이 크다. "저 사람이라면 잘할 거야"라며 성가신 업무가 자꾸만 떠밀려온다. 무가치감이 강한 '좋은 사람'은 이 상황을 '타인에게 의지가 된다'라는 만족감으로 받아들이기 때문에 상대의 편의대로 이용당하기 쉽다.

일을 통해 자신이 바라는 방향으로 성장하고 자기가치를 확인하며 더 나은 인생을 살고자 한다면, 일과 자아실현이 겹쳐진 인생 설계를 구상해볼 필요가 있다. 날마다 적지 않은 시간을 30년이고 40년이고 열정적으로 쏟아붓는 것이 바로 '일'이다. 그러니 인생 설계가 명확한 사람과 그저 눈앞의 일을 해치우기 바쁜 사람 간에는 큰 격차가 벌어질 수밖에 없다.

일이 곧 꿈의 실현인 사람

일을 자아실현 수단으로 삼는 사람이 있다. 바라던 꿈이 직업이 된 사람이다. 그러나 꿈꾸던 직업을 얻은 사람만 일과 자아실현이 겹쳐지는 것이 아니다. 직업을 갖게 된 후에 그 일이 자신의 꿈이 된 사람도 이에 해당한다. 다시 말해 꼭 그 일에 임하는 것이 꿈은 아니었지만, 하다 보니 그 일의 재미와 의의에 눈을 뜨기도 한다. 어느 쪽이든, 일이 곧 자아실현인 사람은 일을 즐기는 마음이 바탕에 깔려 있으므로 행복한 인생에 유리한 조건을 확보했다고 할 수 있다.

일이 곧 자아실현 수단인 사람은 제법 많다. 특별한 재능을 발휘하거나 특별한 자격을 취득한 사람들에 국한된 이야기가 아니다. 많은 이가 자기가 좋아하는 일을 하며 살아간다. 전철이 좋아서 전철 운전기사가 되고, 머리를 꾸미는 것이 좋아서 미용사가 되고, 스스로 회사를 만들어보고 싶어서 창업하고, 컴퓨터가 좋아서 IT 업계에서 일하고, 연구가 재미있어서 연구자가 된다.

일과 자아실현이 겹쳐지는 사람은 몸과 마음을 다해 일에 집중할 수 있다. 그 과정 자체로 후회가 없다. 오히려 그러지 않으면 후회가 남는다.

다만, 이런 사람도 인생 설계라는 명확한 목표를 가지고 일에 매진할 필요가 있다. 현재 자신에게 무엇이 부족한지, 업무 능력을 한층 높이려면 무엇이 필요한지, 과제를 분명하게 인식해야 한다. '요리의 철인'으로 알려진 미치바 로쿠사부로(道場六三郎) 씨의 말은 곱씹어볼 만하다.

"일은 무턱대고 한다고 배울 수 있는 것이 아닙니다. 스스로 테마를 만들어야 해요. 저는 젊을 때부터 '올해는 이것, 이것, 이것을 배워야지' 하고 반드시 노트에 적었습니다."(《일하는 능력의 기본(仕事力入門)》)

일과 꿈이 별개인 사람

일과 꿈이 다른 경우, 두 개의 직업을 병행하기도 한다. 의사이면서 작가, 은행원이자 음악가, 회사원이자 경제연구가, 지방공무원이자 향토연구가 같은 사람들이다. 이들 다수는 일과 자아실현, 양쪽을 모두 즐기는 특권을 누린다.

한편, 지금의 직장을 떠나 꿈을 좇고 싶은 이도 있다. 이를테면 직장에서 요구되는 능력이 자기가 지향하는 능력과는 다른 경우, 자신의 위치가 단순히 조직 부품처럼 느껴져서 더 이상의 성장을 기대할 수 없는 경우, 희망하는 직종에 취직했으나 한 단계 더 위로 올라가고 싶은 경우, 아무리 애써도 현재 업무에 몰두하기 힘든 경우 등이 있다.

이러한 경우라도 일단은 현재 일에서 자아실현적 요소를 살리려는 시도가 필요하다. 자아실현적 요소란, 그 일을 통해 자기가 성장할 수 있고 그 성장이 자신의 목표 달성에 어떠한 형태로든 도움이 되는 것을 말한다. 어떤 일이든 의무적인 요소뿐만 아니라 자아실현적 요소가 포함되어 있다. 인생 설계가 명확할수록 일의 자아실현적 요소를 활용하기 쉽다. 지금의 일을 소홀히 하지 말고 배울 점은 확실히 배울 수 있도록 진지하게 몰두하며 자아실현을 위해 나아갈 필요가 있다.

일은 주체적으로 임할수록 재미있어진다. 급여를 받기 위한 의무가 아니라 일종의 놀이라 생각하거나 성장하기 위한 도전과제로 여기는 것이다. 업무를 더 즐겁고 편하고 효율적으로 잘하려면 어떻게 해야 할지 창의적으로 궁리해보는 자세가 도움이 된다.

특히 싫은 업무가 있다면 그 일에 다른 의미를 부여해서 스트레스를 줄일 수 있다. 자잘한 잡무도 급여에 포함된다고 생각하면 한결 담담하게 처리할 수 있게 된다. 직장 스트레스의 대부분은 인간관계에서 오는데 인간관계 감내도 급여의 일부라고 마음먹는다. 사사건건 잔소리하는 상사 밑에서 일하는 것은 인간으로서의 그릇을 키우는 훈련이라고 의미를 부여한다. 상사와 처지를 바꿔 생각해보며 '만약 나라면 어떻게 행동할까?' 하고 자기 성장의 기회로 삼을 수도 있다.

현재의 일을 떠나 다른 자아실현적 직업을 갖고자 한다면 그에 따른 실행계획이 필수다. 구체적인 계획이 없으면, 만족하지 못한 채로 지금 일을 계속하든가 무작정 무모한 행동에 나서는 수밖에 없다.

단순히 꿈에 머무르지 않고 그 꿈을 실현하려면 필요한 능력이 무엇인지, 어떤 행동을 해야 하는지 명확하게 파악하고서 목표를 설정해야 한다. 끈질기게 목표를 추구하며 매년 그 작업을 반복하고 성장하면서 꿈의 실현에 다가가는 것이다.

　현실적인 계획을 세우고 자신을 믿고 행동에 옮긴다. 자격증을 취득해야 한다면 구체적인 실행계획을 세우자. 직업을 바꾸는 일은 인생 후반부로 갈수록 어려워진다. 가능한 한 일찍 결단을 내려 하루라도 빨리 계획을 세우고 행동을 개시하는 편이 바람직하다.

◆ ◆ ◆

'정말 이대로 괜찮은 걸까?'
고민 처방전

30대 전환기

우리는 인생을 충분히 알기도 전에 인생 최대의 결단을 요구받는다. 직업을 결정하고 배우자를 선택하는 일이다. 이 두 가지 모두, 출발할 때는 불안이 따르지만 기쁨과 희망 또한 가득하다.

　다만, 시간이 지나면 언젠가는 그 기쁨과 희망의 빛이 바래는 시기가 온다. 그 결단은 과거의 자신이 좋다고 판단하여 내린 것이므로 성장한 현재 자신이 바라는 것과는 어느 정도 불일치가 생길 수밖에 없기 때문이다.

종래의 발달론에서는 사람은 성인이 되면 어른으로서 성숙해진다고 보았다. 그러나 많은 사람의 인생 주기를 연구한 레빈슨은, 인생이란 불안정한 전환기와 안정기의 반복이라고 결론지었다. 특히 30세 전후 전환기는 많은 사람에게 엄청난 스트레스로 가득 찬 '위기의 시기'라고 했다(현재는 직업 선택이나 결혼 시기가 늦어졌으므로 전환기가 약간 뒤로 밀려났을 것이다).

20대에 직업을 정하고 결혼하는 사람도 있다. 그러나 마음속 어딘가 아직 임시적 생활이라는 의식이 있다. 그런데 30대가 되면 일과 생활이 한층 현실적이고 진지하고 구속적인 것으로 느껴진다. 그래서 서른쯤에 전환기가 찾아온다.

전환기는 초조함이나 불만족감에서 시작된다. 자신이 쌓아온 생활방식에 대한 의심이 싹트는 것이다.

'지금 생활에 무언가 부족한 부분이 있는 것이 아닐까?'

'인생을 잘못 살고 있는 것이 아닐까?'

'지금 하는 일을 계속해도 괜찮을까?'

'지금 생활을 이대로 이어가도 좋을까?'

'지금 바꾸지 않으면 늦는 것이 아닐까?'

　온갖 의심과 불안이 몰려와 그동안 일궈온 일과 생활을 돌아보며 수정하려 한다. 이 전환기가 끝날 무렵이면 눈은 오로지 미래만을 바라보게 된다. 이때 자신의 선택을 재확인하는 사람, 삶의 방향을 새롭게 바꾸는 사람도 있다.

　내게 이 전환기는 다소 늦게 나타났다.[*] 취직을 남들보다 늦은 26세에 했기 때문이다. 직속 상사가 없는 쾌적한 직장을 얻어 매우 충실한 몇 해를 보냈다. 그런데 서른을 조금 넘긴 무렵부터 연유를 알 수 없는 초조함에 시달렸다. 일도 제법 손에 익어서 연구자로서도 어느 정도 자신감이 생긴 시기였는데, 어째서인지 내가 걷는 길에 대한 확신이 서지 않아 괴로웠다. '정말 나는 이런 생활을 바란 것일까?', '지금 진행하는 연구 주제가 과연 적절한가?', '이 연구에 가치가 있을까?' 같은 생각이 머릿속을 떠나지 않았다.

　초조함을 떨쳐내려고 인생론에 관한 서적을 수십 권은 읽었다. 하루에 두세 권을 읽기도 했다. 그런 시기가 거의 일 년 가까이 이어졌다.

---

[*]　레빈슨은 '30대 전환기'가 보통 28세에 시작되어 33세에는 끝난다고 보았다.

그러다 '인생 설계 속에서 현재의 의미'를 새롭게 깨달았을 때, 그제야 전환기를 벗어날 수 있었다. 그 과정에서 지난 연구 주제의 의의를 재확인하며 일에 대한 새로운 에너지를 얻었다.

놓지 못한 꿈을 다루는 법

억눌러온 꿈이 30대 전환기에 고개를 드는 경우도 있다. 아무리 전도유망한 위치에 있어도 포기하지 못한 꿈 때문에 흔들린다. 회사에서 누구보다 일찍 승진한 친구는 오랜 꿈인 극작가가 되고 싶어서 퇴사를 진심으로 고민했다고 한다. 도예가로 살고 싶어서 대학교수를 그만둔 사람도 있다. 가정 교과 교사였던 제자는 제빵에 대한 꿈을 포기하지 못해 프랑스로 떠났다. 지난 저서 출간에 도움을 준 젊은 편집자는 연구자의 꿈을 품고 대학원으로 돌아갔다. 다른 인생을 살고 싶다는 꿈을 이루기 위해 이혼한 사람도 있다.

30대 전환기를 거의 아무런 위기감 없이 보냈다면, 현재 생활이 자신의 인생 설계에 따라 순조롭게 진행된다고 느끼는 사람일 것이다. 일이 자신에게 잘 맞고, 급료나 근무 조건도 대체로 괜찮은 편이고, 결혼도 현명한 선택이었다고 생각하는 식이다. 하지만 이런 사람이라도 보통 30대 전환기에는 미세한 조정을 고려하게 된다.

하물며 가정이나 직장 생활에 중대한 문제가 있거나 떨치기 힘든 의구심이 드는데도 애써 모른 척하고 이 시기를 허투루 보내면 나중에 반드시 대가를 치른다.

이 시기의 새로운 선택이나 과거 선택의 재확인은 자신의 꿈뿐만 아니라 자기 능력이나 현실적인 가능성과 직결되는 것으로, 이후 만족스러운 삶을 꾸려가는 토대가 된다. 30대 전환기에는 현실에서 눈을 돌리지 말고 일과 생활을 제대로 돌아볼 필요가 있다.

40대 이후 삶이 편하려면

30대 전환기를 현명하게 넘기면 안정기가 찾아온다. 직장 생활을 충실하게 하고 저마다의 분야에서 전문가로서 자리매김하는 존재가 된다. 이윽고 40대가 넘어가면 인생 중반의 전환기가 찾아온다. 일에서 미래 자신의 위치도 가늠하게 되고 신체적으로도 다소 그늘이 드리우기 시작하기 때문이다. 그러나 이제는 가정이나 직장 생활에서 커다란 변화를 기대하기는 어렵다. 보통은 일로 지나치게 치우친 생활방식을 바꾼다거나 더 내면적인 가치를 찾아

삶의 방향을 수정하는 정도에 머문다.

다만, 그때까지 인생을 되는대로 살아온 사람은 이 전환기에 대가를 치르게 된다. 대가란, 직업이나 직장을 바꾸는 것이거나 이혼일 수도 있다. 이 시기의 커다란 궤도수정은 이후 인생에 또 다른 어려움을 불러올 가능성이 크다.

인생이란 이처럼 갈등과 안정의 반복이기에, 각 전환기의 과제를 성실하게 직면하는 것만이 삶을 풍요롭게 만들어준다.

◆ ◆ ◆

스트레스 없는
직장 생활을 위한 요령

창조적 무능

냉소적인 연구자 피터(Laurence J. Peter)가 제창한 법칙이 있다. 지위가 높아질수록 사람은 무능해진다는 것이다. 예를 들어, 공업자로서 뛰어난 기술을 가진 사람이 있다고 치자. 그 사람은 능력을 인정받아 이내 그 직무의 장을 맡는다. 그리고 그 자리에서 인정을 받아 다시 부공장장으로, 나아가 공장장 직에까지 오른다. 그런데 공업자로서 뛰어난 기술은, 중간관리자로서 부하직원을 관리하거나 공장장으로서 공장 전체를 운영하는 능력과는 관계가 없다. 따라서 지위가 높아질수록 해당 직무와 적성이 맞지 않게 되어 일이 점점 부담스러워지고 과도한 스트레스를 받는다는 것이다.

그렇다면 어떻게 해야 할까? 피터는 '창조적 무능'이라는 자세를 추천한다. 유능함을 남에게 보이지 말고, 자기에게 잘 맞는 곳에서 즐겁게 일하는 것에 집중하라는 뜻이다. 자신에게 적당한 위치에 자신을 두는 것이다. 적소에서 여유를 가지고 자신의 역량을 마음껏 발휘한다. 자기에게는 보좌역이 적당하다고 생각하면 철저하게 그 자리에 있으면 된다. 중국 삼국시대 촉한의 공명은 뛰어난 책사였으나 자신이 군주가 되려고는 하지 않았다.

대학의 교원은 대체로 연구만 할 수 있으면 만족하므로 관리직을 적극적으로 바라는 사람은 그리 많지 않다. 그중에도 명백히 '창조적 무능'으로 관철하는 사람이 몇 명인가 있었다. T 교수는 오로지 자기가 좋아하는 학문 활동에만 힘을 쏟았고, S 교수는 취미가 많고 똑똑한 사람이었는데 자기만의 세계에 빠져 있기를 즐겼다(다만, 이런 사람은 매력적이라 직장 내 선거가 있으면 본의 아니게 선출되어 안타깝다).

반대로, 직장에서 지위나 평판을 추구하며 자기 어필에 여념이 없는 사람도 있다. 많은 직장에서는 실제 업무 역량이나 성과보다 어필 능력이 더 주목받는다. 그런 자리는 하고 싶어서 어쩔 줄 모르는 사람에게 맡겨버리자. 직장 내 지위는 퇴직하고 나면 아무 의미도 없다.

자기 자신에게 정말 의미 있는 것이 무엇인지 생각해보고, 그것을 추구하며 창조적 무능의 자세로 여유롭게 일하는 편이 현명할 것이다.

직장 내 심부름꾼 되지 않기

성실하고 양심적인 사람일수록 직장 내 심부름꾼이 되기 쉽다. 무가치감을 가진 '좋은 사람'은 그런 성향이 한층 강하다. 누군가에게 의지가 되고 무언가를 해내는 것으로써 자기 가치를 실감하려 하기 때문이다.

공연한 일을 떠맡고는 버거워한다. '왜 나만 이렇게 해야 해?'라며 피해자 의식을 갖는다. 부탁을 거절하면 자신감이 없다고, 능력이 없다고 생각되진 않을까 걱정되는 마음에 괜한 일을 떠맡고 있다면 당신 자신을 위해 거절할 용기를 내야 한다.

너무 무리해서 "아니요!"라고 말할 필요는 없다. 지금의 지위는 당신의 장점을 살려 얻은 위치이기도 하므로 도통 거절할 용기가 나지 않으면 일을 받아들일 때 '나 자신의 성장을 위해'라고 의미를 부여하면 된다.

깔끔하게 정리할 줄 아는 자세

현대 사회에서는 업무 특성상 하루의 근무 시간 내에 완전히 정리되지 않는 일이 많다. 이때 무가치감이 강하면 '더 빨리, 더 많이, 더 완벽하게'라는 강박관념에 사로잡히기 쉽다. 어느 시점에서 정리하지 않으면 언제까지고 일을 끝낼 수가 없다.

딱히 빠르게 처리할 필요는 없다. 마감일까지 완성하기만 하면 된다. 많은 일을 할 필요도 없고 적당히 노력해서 자신이 가능한 범위 안에서만 하면 된다. 완벽할 필요는 없고 일단 완성하는 것이 중요하다. 적당한 선에서 매듭을 지을 수 있어야 한다.

이를 위해서는 다음과 같은 방식이 유효하다.

▸ **마감을 정한다.**

이 일은 수요일까지 끝낸다, 또는 다섯 시간 안에 끝

낸다 등 자기 나름의 기한을 정한다. 그리고 기한 내에 완성하는 데 전력을 다한다. 그러면 시간 대비 효율적으로 일할 수 있다.

▸ 80 대 20 법칙을 기억한다.

경제학자 파레토(Vilfredo Pareto)가 제시한 개념으로, 이를테면 한 회사의 수익 대부분(80퍼센트)은 소수의 상품(20퍼센트)에서 나온다는 것이다. 이는 경제 분야뿐만 아니라 다방면의 사회현상에 해당하며 흔히 80 대 20 법칙이라 부른다.

회사에서 업무를 할 때도 이 법칙을 적용해서, 업무량의 80퍼센트는 전체 소요 시간의 20퍼센트로 달성된다고 생각하자. 다시 말해서, 남은 80퍼센트 시간을 소비해도 20퍼센트 업무량밖에 달성하지 못한다. 많은 시간을 쓸데없이 보낸다는 뜻이다. 확실히 실제 업무 진행 상황을 돌아보면, 사소한 (그러나 그리 중요하지는 않은) 것에 꽤 많은 시간을 사용하는 것을 알 수 있다.

20퍼센트 시간만 써도 80퍼센트는 완성된다는 사실을 기억하면 공연히 시간을 끌지 않고 일을 깔끔하게 정리할 수 있다.

▸ 잡무 처리 시간을 정해둔다.

시도 때도 없이 발생하는 잡무는 업무 집중을 방해한다. 그렇다고 해서 잡무를 쌓아두면 마음이 무거워진다. 부담스러워서 또 자꾸 미루게 되고, 결국 더 큰 스트레스가 된다. 이를 막기 위해서는 잡무 처리 요일과 하루 중 잡무 처리 시간을 따로 정해두는 방법이 유효하다.

잡무가 생기면 우선 메모지에 써둔다. 당일 처리해야 할 일이면 그날의 잡무 처리 시간에, 급하지 않거나 다소 시간이 걸리는 일이라면 잡무 처리 요일에 다룬다.

이때 우선순위를 정해 중요한 일부터 처리하는 것이 핵심이다.

◆ ◆ ◆

직장에서 좌절했을 때
유용한 심리 기법

일에서 실수를 하면 '내가 이 일에 맞지 않는 것이 아닐까?' 하고 자신감을 잃는다. 상사에게 싫은 소리를 들어 심란해지기도 하고, 다른 사람과 비교하며 풀이 죽기도 한다. 일하다 보면 이런 순간을 피할 수 없다.

이런 상황에 대처하는 방법은 가지각색이다. 일단 잔다, 친구에게 푸념한다, 노래방에 간다, 술을 마신다, 운동한다 등 어떤 방식이든 그걸로 마음이 안정되기만 하면 된다. 그러나 이런 방법으로도 업무에 집중할 수 없거나, 한밤중에 눈이 떠져 잠들지 못하거나, 몇 날 며칠 머릿속에서 힘든 기억이 맴돌 때는 기분을 전환하는 심리 기법을 알아두면 도움이 된다.

감정의 세 가지 편향 떠올리기

부정적인 감정은 가능한 한 확대하고 싶지 않지만, 우리 마음에는 그런 감정을 증폭시키는 세 가지 편향이 있어서 필요 이상으로 동요하게 된다. 이런 세 가지 편향을 이해하면 감정을 조금 더 냉정하게 판단할 수 있다.

① 감정의 예측 편향

사람은 미래 감정을 과장되게 예측하는 경향이 있다. 이를테면 구직활동을 할 때는 '취직하면 얼마나 행복할까?'라고 생각한다. 그런데 막상 취직해서 일을 시작하면 그다지 행복하지 않다. 3개월만 지나도 기쁨보다는 슬픔

이 커서 직장을 그만두는 사람마저 나온다. 연애 중에는 '이 사람과 결혼하면 정말 행복할 거야'라고 생각하나, 신혼여행지에서 그것은 자신의 환상이었음을 통감하기도 한다.

부정적인 감정도 마찬가지다. 막상 해보니 걱정하던 것보다 대수롭지 않은 경우가 있듯이, 보통은 예측이 실제보다 부정적 감정이 더 과하다.

게다가 예측 편향은 그 감정이 실제보다 더 오래 지속될 것이라고 믿게 만든다. 상사와 충돌했으니, 또는 일에서 실수를 했으니 더는 회사에 있을 수 없다고 생각한다. 다시는 마음을 다잡지 못하고 지금의 절망감에서 벗어나지 못하리라 생각한다. 이처럼 괴로움을 과하게 예측하고 그런 마음이 계속 이어질 것이라고 믿는다. 그러나 실제로는 기운을 되찾는 날이 생각보다 빨리 찾아온다.

② 감정의 투사 편향

당시의 감정을 반영한 형태로 사물을 왜곡하여 파악하는 편향이다. '유령인 줄 알았는데 마른 억새였다'라는 말이 있듯이, 겁을 내고 있으면 뭐든지 무서운 것으로 보인다. 실수 때문에 위축되어 있으면 동료의 미소가 자신을 향한 조소로 보이고 상사의 시선이 자신을 책망하는 듯 느껴진다.

부정적인 감정에 지배될 때는 사고도 부정적으로 흘러간다. '애초에 이 회사에서 살아남을 능력이 없던 것'이라는 생각까지 들어 더 움츠러들게 된다.

③ 감정의 반추 편향

처음 봤을 때는 재밌는 영화도 여러 번 보면 재미가 덜해진다. 이처럼 긍정적인 감정은 반추할수록 경감된다. 반대로, 부정적인 감정은 일정 기간 내 반추할수록 강해진다. 이것이 감정의 반추 편향이다.

이를테면 매우 충격적인 일을 겪은 사람은 반복적으로 그 경험을 떠올린다. 이러한 머릿속 재생이 경험을 고착화하여 PTSD(외상후스트레스장애)가 되기도 한다.

기분이 가라앉기 쉬운 사람은 과거의 부정적 경험을 반복해서 떠올리는 경향이 있어서 괴로움이 지속되는 경우가 많다. 감정의 반추 편향에 빠지지 않으려면, 그 감정을 안에 담아두지 말고 최대한 빨리 부정적 감정을 토해 내야 한다.

감정 쏟아내기

몸에 축적된 부정적인 감정을 분출하여 치료하는 심리요법이 있다. 바이오 에너지 요법(bioenergetics)이라고 하는데, 침대에 뒹굴며 발버둥치는 행위 등을 통해 감정을 고양해서 눈물을 터뜨리거나 고함을 지르며 내부에 억눌려 있던 감정을 쏟아내는 방식이다. 그러나 '좋은 사람'일수록 이런 유치하고 난폭한 행동에 부담을 느끼므로 부정적인 감정이 안에만 쌓이기 쉽다.

소리 내서 울든, 악을 쓰든, 친구에게 푸념을 하든, 오락실에 가서 공격적인 게임을 하든, 어떤 방식이라도 좋으니 자기 내부에 쌓인 감정을 마음껏 토해내보자. 속상한 일이나 부정적인 감정을 종이에 마구 적고, 이제 됐다 싶을 때 종이를 힘껏 찢어버리면서 감정에 매듭을 짓는 방법도 있다.

긍정적 이미지로 기분 전환하기

의식을 즐거운 이미지로 채우면 부정적인 감정이 완화된다. 이러한 원리를 활용해 마음을 다스리는 방법을 이미지 릴랙스법이라고 한다.

의식적으로 편안한 기억을 떠올리면 기분이 한결 나아진다. 우리는 무언가 힘든 일이 있을 때 무의식적으로 과거의 순간을 떠올리며 '그때는 정말 즐거웠지' 하고 기분 좋은 추억에 잠기고는 한다. 이처럼 우리 마음은 긍정적 이미지로 마음의 균형을 되찾으려고 하는 메커니즘을 원래부터 갖추고 있다.

자신의 부정적 감정을 의식했다면, 일단 '멈춰!' 하고 머릿속에서 또는 소리를 내서 말로 뱉고, 그 감정이 확대되는 것을 막는다. 그리고 의식적으로 입가를 누그러뜨리고 웃는 얼굴을 만든다. 즐거워서 웃은 것이 아니라도 웃는 얼굴을 만들면 즐거운 기분이 따라온다. 표정 연구 일인자인 폴 에크먼(Paul Ekman)에 따르면, 화난 표정을 지으면 심박수가 10 이상 상승하는 등 특정 표정을 지으면 그 표정에 대응한 감정이 발생한다. 자신의 우울한 기분을 의식했다면 곧바로 웃는 얼굴을 만들어보자.

그리고 즐거웠던 기억이나 마음이 편해지는 이미지를 떠올려본다. 자신감을 상실하게 만드는 일 때문에 침울해졌다면 성공했던 때를 떠올린다. 서구에서는 직장에 가족사진을 두는 경우가 많은데, 가족사진은 마음을 밝게 하고 일할 에너지를 불어넣는다.

▸ **괴로움을 내던진다**

이미지 릴랙스는 다음과 같은 순서로 진행한다.

① 마음이 심란해진 원인을 떠올리고 마음을 괴로움으로 채운다.

② 양손을 그릇처럼 만들어 입 앞에 대고, 마음의 괴로움을 날숨과 함께 '후' 하고 토해낸다.

③ 마음에서 나온 괴로움이 양손 가득 차면 둥글게 다져서 공 모양으로 만든다.

④ 공처럼 생긴 '괴로움'을 힘껏 내던진다.

⑤ 던지고 "속 시원하다!" 하고 셀프 토크를 한다.

⑥ 배에 손을 얹고 손에 닿는 '온기'를 느낀다.

⑦ 편안하고 따뜻한 기운이 온몸으로 천천히 퍼져나간다고 상상한다.

⑧ 차분하게 '마음이 편안하다' 하고 머릿속으로 천천히 여러 번 반복한다.

⑨ 그날 상황에 맞게 마음이 편해지는 말을 반복한다. "괜찮아. 또 기운 낼 수 있어", "내게는 힘이 있다!" 하고 셀프 토

이런 방법이 바보 같아 보일지도 모르지만, 상상의 힘은 생각보다 강력하다. 생각하기에 따라 얼음을 만져도 화상 물집이 생기기도 하고, 수행자는 불 위를 걸어도 화상을 입지 않는다. 상상의 힘은 특히 스포츠 분야에서 적극적으로 활용된다. 일류 선수 중에 이미지 트레이닝을 하지 않는 사람은 한 명도 없다고 해도 과언이 아니다.

셀프 토크로 기운 내기

기분이 쉽게 가라앉는 사람은 사소한 문제에도 '망했다', '최악이다', '진짜 싫다', '이제 다 끝났다' 하고 무의식중에 자멸적인 셀프 토크를 한다. 이런 말들이 자신을 더욱 우울하게 만든다. 이럴 때는 의식적으로 긍정적이고 밝은 말을 건넨다.

'못한다', '이제 망했다'라는 생각이 들어도 "해보지 않으면 몰라", "우선 해보고 나서 결론을 내자", "분명히 방법이 있을 거야"라고 말해보자.

자신감을 잃었을 때는 자신감을 불러일으킬 만한 말을 해본다.

"괜찮아! 할 수 있어", "이것도 성장하기 위한 훈련이야. 괜찮아, 견딜 수 있어"라고 자신에게 말한다.

심란한 마음을 다스리고 업무에 집중하려면 "지금 해야 할 일에 최선을 다하자", "본래의 과제에만 집중하자"라는 식의 셀프 토크가 유용하다.

힘들어도 "괜찮아, 이 정도는 거뜬하지!" 하고 되뇌면 정말로 그런 기분이 들면서 입가가 누그러진다. "어떻게든 되겠지", "너무 부담 갖지 말자!" 하고 반복해보는 것이다.

세상일은 어떻게든 되기 마련이다.

적당히 성실하게 임하면 인생은 즐겁게 살아갈 만하다.

일할 때는 "그래, 지금 잘하고 있어!", 하루가 끝나면 "와, 잘했다! 대만족!" 하고 자신에게 말해주자.

인생 설계로 희망 찾기

제6장에서 언급했듯이, 인생 설계는 막연한 불안함을 희망으로 바꿔준다. 꿈과 희망, 자아실현을 향해 현재 나아가고 있다는 것을 확인하면 기운이 나고 앞으로 나아갈 힘이 솟아난다.

나는 불안과 초조가 찾아올 때면 인생 설계도를 본다.

설계도를 보면 지금까지의 성과와 미래상이 또렷해져서 자신감과 희망을 되찾고 현실을 마주할 에너지를 얻을 수 있다.

마음의 그늘을 걷어내고 전진하는 기분을 얻고 싶을 때 인생 설계를 확인해보기를 추천한다. 지금의 감정에만 휘둘리는 것이 아니라, 장기적인 관점에서 자신을 바라볼 수 있게 되어 자연스레 기운이 난다.

확실한 인생 설계를 바탕으로 차근차근 노력해가면 필요 이상으로 침울해지지 않는다. 설령 늦더라도 착실하게 전진하고 있다고 실감하므로 자신을 칭찬해줄 수 있다. 자신감을 잃을 일 따위는 없다.

복식 호흡으로 마음 가라앉히기

우리의 호흡 방식에는 흉식 호흡과 복식 호흡이 있는데, 감정적으로 혼란스러울 때는 얕고 빠른 호흡인 흉식호흡을 한다. 긴장하기 쉬운 사람이나 불안이 강한 사람도 흉식 호흡이 우위 상태에 있다.

반면, 복식 호흡은 심신의 긴장을 완화하고 마음을 가라앉히는 효과가 있다. 천천히 복식 호흡을 하면 이완 상태를 나타내는 알파(α)파가 증가하고 긍정적인 감정을 높이는 엔돌핀과 세로토닌의 분비가 활발해진다는 것이 실험에서 밝혀졌다.

다음과 같은 점에 유의하여 복식호흡 방법을 익혀보자.

① 한쪽 손을 배꼽 조금 아래 둔다.

힘이 들어가는 지점을 알 수 있어서 집중하기가 쉬워진다. 복식호흡이 잘 되고 있는지도 확인 가능하다. 복식호흡을 하면, 숨을 내쉴 때 배가 들어가고 들이마실 때 배가 나온다.

② 배를 넣으면서 입으로 천천히 숨을 뱉는다.

입을 조금 오므린 상태로 숨을 내쉬면 배로 숨을 뱉는다는 감각을 느끼기 쉽다.

③ 배에 힘을 빼고 코로 숨을 들이마신다.

숨을 다 뱉고 나서 배에 힘을 빼면 자연스럽게 배가 원래 상태로 돌아오려고 숨을 들이마시게 된다. 조금 더 배를 부풀린다는 느낌으로 하면 호흡이 깊어진다.

날숨과 들숨의 길이는 2 대 1로 하라거나, 숨을 조금 참았다가 뱉으라고 권장하는 사람도 있는데, 포인트는 숨을 천천히 내쉬는 것이다. 자기가 편하다고 느끼는 리듬으로 진행하면 된다.

또, 숨을 뱉을 때 '불쾌한 감정을 같이 내뱉는다'라고 상상하거나, '기분이 밝아진다'라고 머릿속으로 되뇌는 것도 효과적이다.

살아 있는 동안 끊임없이 하는 것이 바로 호흡이다. 호흡을 조금이라도 효율적으로 바꾸면, 일생에서 그 차이는 그야말로 막대하다. 마음을 편안하게 만드는 복식 호흡법을 알아둬서 손해볼 일은 없다.

자율훈련법으로 몸과 마음을 편안하게

불안을 자주 느끼는 사람, 긴장하기 쉬운 사람, 마음이 쉽게 흐트러지는 사람은 자율훈련법(autogenic training)을 익혀두면 도움이 된다. 자율훈련법은 독일 정신과 의사 요하네스 슐츠(Johannes Heinrich Schult)가 체계화한 것으로, 자기 암시로 신체적 이완 상태를 만들어내서 마음을 안정시키는 방법이다.

이 방법은 불안, 긴장, 초조, 분노 등 감정적 흥분을 가라앉힐 뿐만 아니라 고혈압 등에도 유효하다. 심신 회복에도 도움이 되어 면역력이 높아진다는 연구 결과도 있다. 나는 긴장하거나 불안할 때, 밤에 잠이 오지 않을 때 이 방법을 활용하며 효과를 실감한다.

자율훈련법에는 다음과 같은 순서의 표준 방식이 있다.

⓪ 준비 단계: 안정감 자기암시

힘을 빼고 의자에 앉거나 침대에 눕는다. 눈을 가볍게 감고 심호흡을 몇 차례 한다. 평소 호흡으로 돌아와 '나는 지금 매우 편안하다'라고 속으로 여러 번 반복한다. 훈련은 늘 이 단계에서 시작하여 순서대로 진행한다.

① 1단계: 팔다리 무게를 느낀다.

'오른팔이 무겁다'라고 속으로 천천히 여러 번 반복한다. 어깨에 힘을 빼고 팔 전체를 축 늘어뜨리는 듯한 느낌으로 있는 것이 핵심이다. 이를 수동적 주의 집중이라 하는데, 애써 무언가를 하려고 하지 말고 가볍게 주의를 향하는 상태를 유지하는 것이다.

'오른팔이 무겁다'라는 감각이 어느 정도 느껴지면, '오른팔도 무겁고 왼팔도 무겁다'라고 속으로 반복하며 왼팔로 무거운 느낌을 확대해간다. 양팔에 무거움이 느껴지면, '양팔과 오른 다리도 무겁다'라고 다리 쪽으로도 감각을 확대한다.

이 과정에서 준비 단계의 내용을 적용한다. '양팔이

무겁고 오른 다리도 무겁다. 매우 편안하다'라고 되뇐다. 이를 반복하며 '양팔과 양다리가 무겁다'라고 말하며 감각을 팔다리 전체로 넓혀간다. '양팔과 양다리가 무겁다'라는 느낌이 들면 다음 단계로 넘어간다.

② 2단계: 팔다리의 따뜻함을 느낀다.

'오른 다리가 무겁고 따뜻하다'라고 속으로 천천히 반복한다. 무게 감각 연습과 마찬가지로, '양팔 양다리가 무겁고 따뜻하다'라고 되뇌며 감각을 팔다리 전체로 확대해간다.

'무겁다', '따뜻하다' 같은 감각은 처음에는 좀처럼 느끼기가 어렵다. 하지만 반복해서 연습하면 '아, 이런 느낌이구나!' 하고 문득 실감하는 순간이 온다. 이런 연습으로 팔과 다리 체온이 실제로 올라간다는 것이 실험을 통해 입증되었다. 이 단계까지 오면 효과가 제법 느껴지므로, 우선은 2단계까지 익히는 것을 목표로 도전해본다.

③ 3단계: 심장 고동을 느낀다.

'심장이 차분하고 규칙적으로 뛴다'라고 속으로 천천히 반복한다.

④ 4단계: 편안한 호흡을 느낀다.

'자연스럽고 편안하게 호흡하고 있다'라고 속으로 천천히 반복한다. 이 세상에 태어난 후로 쉬지 않고 숨을 쉬어왔지만, 자신이 산소를 마시고 이산화탄소를 뱉으며 살아가는 생물이라는 사실을 새삼 깨닫게 된다.

⑤ 5단계: 복부 온기를 느낀다.

'배가 따뜻하다'라고 속으로 천천히 반복한다. 여기서 배는 명치와 배꼽 사이 부분을 가리킨다. 어떤 일에 흔들리지 않거나 망설임이 사라질 때 일본에서는 '배가 자리잡다(腹がすわる)'라고 한다. 배가 안정된 상태라는 것은 마음이 안정되어 있다는 뜻이다.

⑥ 6단계: 이마가 시원하다고 느낀다.

'이마가 시원하다'라고 천천히 반복한다. 나의 경험에 비추어보자면, 이 단계까지 이르기 전에 마음은 이미 차분해진다. 잠이 오지 않을 때 시행하면 이 단계까지 오기 전에 잠들어버린다.

마음을 차분하게 만들고 싶을 때, 긴장하거나 걱정거

리로 마음이 무거울 때, 신경 쓰이는 일이 있어서 잠들지 못할 때 가볍게 시도해보면 효과가 꽤 뛰어나다.

자신감을 회복하고 싶다면 '2단계: 팔다리의 따뜻함 느끼기'까지 진행한 다음, '나는 할 수 있다', '나는 해낼 수 있다'라는 말을 천천히 반복한다. 자율훈련법으로 피암시성이 높아진 상태라 일반적 셀프 토크보다 효과적이다.

글로 읽어서는 상상하기 어렵다면 인터넷에서 실제로 시행하는 모습을 찾아봐도 좋다. 마음을 가라앉히는 방법을 확실하게 알고 있으면, 그 사실 하나만으로도 든든해진다.

◆ ◆ ◆

최악의 사태를
각오한다

회사 가기가 무서울 때

담당 업무와 관련된 고객 불만이 접수됐다. 월요일에 회사에 가면 분명 문제가 될 것이다. 그 생각만 하면 너무 걱정돼서 잠도 오지 않고 위가 아프다. 이럴 때는 인지 홍수법(imagical flooding)으로 걱정하는 사태를 머릿속에서 끝까지 다 체험해보는 방법이 유효하다. 홍수법은 두려워하는 상황에 직면함으로써 괴로운 감정을 홍수처럼 불러일으켜 그 두려움에 점차 무감각해지도록 하는 심리요법이다. 인지 홍수법에서는 이런 과정이 머릿속에서 일어난다.

인지 홍수법에서는 제한 시간을 정해두고 스트레스 상태에 흠뻑 빠진다. 제한 시간을 정해두면, 그 외 시간에는 괴로운 생각이 떠오르지 않도록 하는 효과가 있다.

① 5분이나 10분, 인지 홍수법을 시행할 시간을 정한다.

타이머를 맞춰놓으면 기분을 전환하기가 수월하다.

② 두려워하는 최악의 상황을 떠올린다.

두려움, 불안, 불쾌감이 솟구치면 억누르지 말고 부정적 감정에 흠뻑 젖어본다. 우리 마음은 근거 없는 위협에 두려워하면서도 정작 현실에서 벌어질 최악의 상황을 예측하는 일은 회피하려 한다. 그러한 마음의 저항을 타파해야 한다. 두려워하지 말고 최악의 상황을 그려보며 도망치지 않고 그 감정을 끝까지 온전히 느껴본다.

③ 괴로운 감정과 최악의 상황을 받아들일 각오를 한다.

부정적인 감정에 빠져 있다 보면, 이것저것 상상하며 두려워하던 것들이 실제로는 그리 대단하지 않다는 것을 알게 된다. 또, 솟구치는 공포에 대해 '그래서 뭐?', '어떻게든 되겠지' 같은 마음도 든다. 그때 '이미 일어난 일은 어쩔 수 없다. 어쨌든 이 일은 내 책임으로 받아들이자'라고 각오한다.

이 방법을 시도한 많은 사람이 '일단 각오를 다지니 마음이 한결 편해졌다'라고 말한다. 각오를 굳힌 마음보다 강한 것은 없다. 두려움에서 벗어나면 합리적인 대처법을 강구할 냉정함도 되찾을 수 있다.

때로는 패배자가 되어도 좋다

회사 가기가 너무 괴롭지만, 그래도 '가지 않으면 진 것'이라는 생각이 들어 간신히 출근은 했는데, 회사에 가도 일이 손에 잡히지 않고 도통 집중이 되질 않는다. 이럴 때는 '감기에 걸렸다'라는 구실로 휴가를 내고 패배자 기분에 잠겨보는 것도 하나의 방법이다.

온종일 침대에서 꾸물거리며 지내본다. 이틀 정도 그

렇게 있다 보면 에너지가 남아돌아서 일하고 싶은 마음이 슬그머니 고개를 들 것이다.

'사실 그렇게 열심히 할 필요는 없지.'

'적당히 하면 돼.'

'내가 할 수 있는 범위 안에서 최선을 다하면 되는 거야.'

이런 생각도 하게 된다. 평소 열심히 하는 자신을 칭찬해주고도 싶어진다. 다시 외부 세계로 나아갈 기운이 자연스레 솟아나는 것이다.

타인을 소중히 하면 행복해진다

마음이 맞는 친구와의 교류는 더없는 기쁨을 주며 인생을 풍요롭게 만든다. 또한 젊은 시절 멘토라 부를 만한 사람과의 만남은 자기 성장에 큰 보탬이 된다.

이러한 사람들과는 적극적으로 교류하고, 사랑을 소중히 키워가며 행복한 생활을 꾸려가보자. 마음이 통하는 사람들과의 관계는 자기가치감을 높여준다.

친구와 멘토가
인생에 가치를 더한다

친구는 적어도 된다

환갑 즈음에는 동창회나 동기 모임이 많아진다. 젊을 때는 나가지 않던 사람도 이때쯤엔 참석하는 쪽으로 마음이 기운다. 그런 모임에 나가면, 친구가 인생의 한 시기를 공유하며 여전히 서로의 마음에 자리하고 있음을 실감한다. 이럴 때 나는 친구라는 존재가 있어 얼마나 행복한지 절절하게 느낀다.

내가 45년 만에 중학교 동창회에 나갔을 때 한 친구가 나와 관련된 일 하나가 마음에 걸린다며 이야기를 꺼냈다. 정작 나는 까맣게 잊고 있던 일이라 그 이야기를 듣고 그 친구가 이토록 오랫동안 나를 마음에 두고 있었다는 데 감동했다.

친구란 자기가치감을 서로 강화하는 존재다. 특히 젊은 시절 만난 친구는 어른이 될 용기를 북돋아주고 어른으로 살아갈 자신감을 쌓게 하는 존재다.

그런데 무가치감이 강한 사람은 이런 기회의 폭을 스

스로 좁혀버린다. 상대 마음을 지나치게 헤아려 불필요한 배려를 한다. 상대를 비교 대상으로 바라보고 방어적 태세로 경계한다. 상처받는 것이 두려워서 표면적인 교류에 머무르려 한다.

가만히 생각해보면, 우리는 굳이 무언가에 특출나거나 도움이 되는 친구를 바라지는 않는다. 필요할 때는 기꺼이 지지하고 도움을 줄 수 있지만, 무엇보다 함께 있는 시간을 즐기는 것이 친구다. 그러니 경계할 필요가 없다. 진솔한 관계를 회피한 채로는 자신을 신뢰하는 힘을 기를 수 없다. 젊을 때는 설령 상처받는 일이 있더라도, 있는 그대로 상대와 진지하고 성실하게 교제하려고 노력하는 편이 바람직하다.

미국의 심리학자 매슬로(Abraham Maslow)에 따르면, 고도로 자아실현을 이룬 사람은 많은 인간관계보다 소수와 깊고 진정성 있는 관계를 중시하는 경향이 있다. 친구는 적어도 좋다. 진심으로 신뢰할 수 있는 친구와 꾸밈없는 모습으로 서로의 꿈을 공유하고 격려하며 성장의 자극을 주는 관계를 소중히 여기면 된다.

이런 관계를 구축하는 데는 본래 노력이 필요치 않다. 그런데 무가치감이 강하면 무의식중에 방어적 태세가 나오기 쉬우므로 이런 자세를 무너뜨리려는 노력이 필요해진다. 이런 사람은 의식적으로 자신에게 다음과 같은 말을 들려주면 열린 마음을 유지하는 데 도움이 된다.

'있는 그대로의 내 모습으로 있자.'

'방어적일 필요는 없다.'

평생 가는 친구는 서로의 인생을 서로의 가슴에 새기며 살아간다. 어느 나이가 되어 '우리 참 열심히 살았다' 하고 친구와 마주 드는 축배에는 가족과는 또 다른 깊은 애정이 담긴다.

인생 전환점을 만드는 멘토와의 만남

레빈슨은 청년기부터 30세 전후까지를 인생의 '초심자 단계'로 명명하고, 이 시기에 '좋은 상담 상대'와의 만남 여부가 그 후의 성장과 남은 인생 전체에 지대한 영향을 끼친다고 말한다.

좋은 상담 상대란, 어떤 이에게는 삶의 방식을 가르쳐주는 스승일 수도 있고 어떤 이에게는 일을 알려주며 챙겨주는 직장 상사, 뛰어난 선배나 다정한 연인일 수도 있다. 젊은 시절 잘못된 길에 들어섰던 사람이 이런 존재를 만나 삶의 방향을 바꾸는 경우가 적지 않다.

나 자신을 돌아봐도, 그런 사람들을 만나 그들을 모델로 삼아 나 자신을 만들어왔다는 생각이 든다. 대학과 대학원 시절의 은사, 연구실 선배, 심리학과 연구모임이라는 솔직한 의견을 나누는 젊은 연구자 집단, 취직 후에는 직장의 몇몇 선배들이 내게는 그런 존재였다.

당시에는 미처 알아채지 못하더라도 돌이켜보면 그런 존재는 반드시 있기 마련이다. 주변을 한번 돌아보자. 인간성, 생활방식, 업무 능력 등 여러 면에서 칭찬할 만한 사람들을 발견하게 될 것이다. 그런 사람들에게 배우려는 자세로 적극적으로 다가서보기를 바란다.

◆ ◆ ◆

무가치감이 애정을 왜곡한다

연인과의 '애정'이라는 감정에는 책임이 따른다. 자기 인생에 대한 책임뿐만 아니라 상대 인생에 대한 책임 또한 나눠 갖는다. 그리고 이 세상에 태어날 새로운 생명을 오랜 시간에 걸쳐 책임지게 된다. 정체성이 확립되어 있으면, 다시 말해서 어떤 일을 하며 어떻게 살아갈 것인지 확실한 비전과 결단이 있으면 애정에 동반되는 책임에서 도망치지 않을 수 있다.

그러나 정체성이 확립되지 않은 상태에서는 책임을 질 자신도, 확신도 갖지 못한다. 그래서 정신적인 연결을 겁내며 신체적 관계에만 머무르려는 경향을 보인다. 여기에 무가치감이 더해지면 사랑과 성에서 여러 왜곡이 발생한다.

① 사랑은 희생

자기가치감이 희박한 사람은 사랑하고 사랑받는 일은 자신을 억누르고 오로지 상대 요구에 응하는 것이라 여긴다. 이런 경향은 특히 여성에게서 현저히 나타난다. 한 여성은 다음과 같이 말했다.

"뭐든 괜찮으니 원하는 걸 말해주면 좋겠어요. 이것을 할지, 저것을 할지 요구하는 바를 말해주는 것이 좋아요. 그러면 사랑받는다는 느낌이 들고, 저도 사랑하고 있다는 실감이 드니까요."

② 감시받는 사랑

우리는 자기 행동을 사회적인 행동으로 규정하기 위해 많든 적든 타자의 시선을 필요로 한다. 자율성이 충분히 확보되지 않고, 부모의 '감시의 눈'으로만 질서가 잡힌 사람은 감시하는 눈이 없으면 자기 생활이 무너져버릴 것 같은 불안함을 느낀다. 그래서 자신을 속박해주는 사람을 무의식중에 연애 상대로 선택한다.

③ 반항으로서의 사랑

부모에게 완전히 얽매여 자란 사람에게는 사랑과 성 자체가 부모를 향한 반항으로 느껴진다. 원조 교제처럼 사랑과 성을 부모에 대한 의식적·무의식적 반항으로서 행하는 경우가 있다.

자녀와 과도한 일체감을 가진 부모는 실제로 자녀의 연애를 자신에 대한 반항으로 여긴다. 부모의 이런 감정을 감지하고 안정적 연애나 결혼으로 나아가지 못하는 사람도 있다. 또는 부모와의 의존관계를 더욱 강화할 법한 상대에게 집착하기도 한다. 예를 들자면, 결혼생활에 문제 상황이 잇따라 일어나 부모가 나설 수밖에 없을 법한 사람을 상대로 선택하는 식이다.

④ 반복 강박으로서의 사랑

부모의 기분에 휘둘리며 자란 사람은 사랑을 신뢰하지 못하고 자신이 부모에게 당한 일을 파트너에게 반복하고 만다. 사랑이라는 감정을 가볍게 여기며 상대를 흔들고, 좋아하는 사람을 힘들게 하지 않고서는 견디지 못하는 심리와 행동에 빠지게 된다.

⑤ 결실 없는 사랑

무가치감이 강하면 단순한 섹스 파트너 관계나 불륜처럼 행복으로는 이어지지 않는 사랑을 하며 안심감을 얻기도 한다. 결실이 없는 사랑인 줄 뻔히 알면서도 놓지 못한다. 혼자가 되는 외로움을 피하고 싶은 데다 연인이 있다는 것 자체가 자기가치감을 불러오기 때문이다.

행복한 사랑과 성을 위해서는 깊은 갈등을 극복하고 어른으로서의 정체성을 형성할 필요가 있다. 다만, 정도 차이는 있을지언정 누구나 그런 갈등을 해결하지 못한 채로 정체성 또한 흔들리기 쉬운 상태에 머물러 있다. 우선은 자기뿐만 아니라 상대에게도 이런 나약함이 있다는 것을 인지하고 자신의 애정이 일그러진 형태는 아닌지 돌아봐야 한다.

♦ ♦ ♦

인생에서 가장 중요한 것은
사랑을 키워가는 노력

청년기에 사랑하는 연인의 존재만큼 자기가치감을 높여주는 것은 없다. 사랑에 빠진 사람에게는 이 세상의 주인공이 자기와 상대뿐이고, 다른 사람과 존재들은 전부 배경으로 밀려난다. 그만큼 실연은 자기가치감을 가장 상처 입히는 경험이 된다.

안정된 애정 관계를 맺은 부부는 서로를 수용하고 존중한다. 이는 서로의 존재가치를 높이는 일이며, 이런 가정에 초대받으면 손님 또한 행복감으로 가득 채워진다.

아무리 사회적 성공을 거둬도 자신의 애정 생활이 불만족스러우면 행복한 인생이라 말할 수 없다. 반대로, 다른 사람 눈에는 그리 성공한 삶처럼 보이지 않더라도 자신의 애정 생활에 만족하는 사람은 행복하다.

'사랑'이라는 감정과 관계를 소중하게 여기는 것이야말로 인생에서 가장 우선해야 할 노력이다.

◆ ◆ ◆

애착 유형
파악하기

애착의 세 가지 유형

서로를 잘 이해하고 애정을 키워가려면 자신과 상대의 애착 유형을 파악하는 것이 도움이 된다. 애착 유형이란 어머니와의 애착 관계가 성인이 된 후에도 대인행동 패턴으로 정착한 것이다. 안정형, 회피형, 불안형, 이렇게 크게 세 가지로 나뉜다.

① 안정형 애착 유형

이 유형은 유아기에 어머니와 확고한 애착이 형성된 데서 유래한다. 이들은 자신과 타인을 신뢰하며 솔직하고 따뜻한 인간관계를 가질 수 있다. 필요할 때는 타인에게 의지하고 문제가 일어나면 그 해결을 위해 타인과 협력한다. 다른 사람과 교류하는 데서 즐거움을 느끼고 일과 가정 양쪽 모두 만족스럽게 꾸려가는 경우가 많다. 이 유형인 사람은 대부분 확실한 자기가치감을 가지고 있다.

② 회피형 애착 유형

이 유형은 유아기 어머니에 대한 거부감에서 유래한다. 이들은 타인과 친밀함을 추구하기보다 거리를 두고 싶어 한다. 감정표현은 억제된 편이며 마음을 여는 데 어려움을 느낀다. 그래서 무엇을 생각하는지 알 수 없는, 차가운 사람이라는 인상을 준다. 인간관계에서도 공과 사 모두 타인과 얽히는 것을 꺼린다.

이 유형인 사람은 기저에 무가치감이 깔려 있는데, 그 무가치감을 자신의 자제심과 독립심으로 보충하는 경우가 많다. 능력이 있는 경우라면 '고고한 사람'이라는 인상을 주고, 웬만한 능력이 없으면 '괴짜'로 간주되기도 한다.

③ 불안형 애착 유형

유아기에 안정된 애착 관계가 형성되지 않은 데서 유래하는 유형이다. 이들은 친밀감을 매우 강하게 추구하지만 미움받거나 버림받을 수 있다는 불안감 또한 강하다. 그래서 시종 주변 사람 안색을 살피고 사소한 일로 기분이 상하는 일이 많다. 성급하게 친밀함을 원하는 듯하다가 갑자기 멀어지는 등 불안정한 관계를 만들기 쉽다. 이 유형은 일반적으로 무가치감이 강하며 누군가에게 사랑받거나 응석을 부림으로써 무가치감을 메우려 한다.

문제 대처 방식

애착 유형 차이는 특히 애정 관계에서 문제가 발생했을 때 나타난다.

안정형 애착 유형인 사람은 문제를 직시하려고 한다. 필요한 경우에는 자기가 먼저 굽히는 유연성을 가지고 있다. 자기가치감에 흔들림이 없으므로 고집을 부리거나 승패에 연연하지 않는다. 상대가 어지간한 문제를 가지고 있지 않으면 진흙탕 싸움으로 번지는 일이 없다. 다만 관계가 도저히 회복될 수 없다고 판단한 경우나 관계를 이어가지 않겠다고 결심한 경우에는 단호하게 결단한다.

반면 회피형 애착 유형인 사람은 문제가 발생하면 혼자 틀어박히려는 경향이 두드러진다. 가족이나 친척 문제에도 좀처럼 관여되지 않으려 한다. 가족 간에도 성가신 일을 상담해오거나 부탁받으면 화를 내기도 한다. 차가운 사람이라서가 아니다. '타인의 기분을 바꿀 방도가 없다'고 생각하거나 '나는 나 혼자 알아서 처리하니까 타인도 스스로 처리해야 한다'는 암묵적 신념에 따른 것이다. 감정을 표출하거나 충돌하는 일을 피하므로 마찰이 생기면 냉전 상태가 되기 쉽다. 자기가 옳다고 믿는 경향이 강해서 적당히 굽히지 못하므로 냉전 상태가 길어질 수밖에 없다.

이 유형에게 가장 큰 과제는 자기방어 자세를 푸는 것이다. 마음을 솔직하게 표현하려고 노력할 필요가 있다. 상대가 이 유형이라면 조급해하지 말고 천천히 마음을 열어가도록 유도하는 것이 현명하다.

그리고 불안형 애착 유형인 사람은 자기만 혼란스러운 것이 아니라 주변 사람까지 혼란스럽게 만든다. 사소한 지적이나 비난에도 감정이 상한다. 오로지 사랑받기를 원하며, 문제 원인을 상대에게로 돌린다. 자기를 피해자로 세우고 상대를 나쁜 사람으로 몰며 비난하고 괴롭게 만들어 벌주려고 한다. 그중에는 직접 행동으로 표현하지 않고 내면에만 쌓아두는 사람도 있다. 그러다 어느새 끓는점에 도달하면 갑자기 감정적 동요와 분노 행동으로 분출되기도 한다.

애정 관계에서 기쁨과 에너지를 얻으려면 두 사람의 자립과 관용이 필요하다. 의존과 지배 욕구는 자신에게 상처를 주고 상대를 휘두르게 만들어 행복한 연애나 결혼 생활의 걸림돌이 된다. 불안형 애착 유형인 사람은 특히 감정적인 의존과 강한 지배 욕구를 가진 경우가 적지 않으므로 주의가 필요하다. 상대를 비난하고 싶을 때는 그 비난의 말을 우선 자신에게 돌려보는 자세가 요구된다. 상대가 불안형 애착 유형이라면 상대 감정에 휘말리지 않도록 한걸음 물러나 대응하는 자세를 가질 것을 유념해야 한다.

어느 유형에 속하든 상대의 애착 유형을 파악해두면 상대의 말이나 행위를 '못된 사람이라', '악의가 있어서', '나를 싫어해서' 같은 식으로 해석하지 않을 수 있다.

함께 생활하다 보면 충돌은 피할 수 없다. 다퉜을 때는 적절한 지점에서 누군가 먼저 굽히는 것이 중요하다. 조금 용기를 내서 먼저 다가서보자. "미안해", "우리 화해하자." 하고 말을 건네본다. 쪽지를 남겨도 좋고, 문자 메시지를 보내도 좋다. 유연하게 굽힐 줄 아는 힘을 기르는 것이다.

유연함이야말로 진정한 강함이다.

◆ ◆ ◆

행복한 애정 관계를
구축하는 법

현실적일 것

요즘 세상에서 이혼은 드문 일이 아니며 상당한 비율의
부부가 이혼을 경험하는 것으로 알려져 있다. 결혼생활을
이어간다 해도 섹스리스, 불륜, 별거 같은 상태처럼 사랑
하는 관계라고 하기 어려운 부부도 있다.

평생의 반려자를 갖는 결혼이라는 제도는 이미 선진
국에서는 무너진 상태라 할 수 있다. 이런 상황이므로 사
랑에 대해 현실적인 자세를 취할 필요가 있다.

드라마나 영화 속 로맨스는 현실에 존재하지 않는다.
상대를 전적으로 신뢰하며 몸과 마음을 바쳐 사랑에 빠지
는 일 따위는 현실에 없다. 누구나 '이 사람으로 정말 괜
찮을까?', '이대로 계속 만나도 될까?' 하고 어느 정도는
흔들리고 망설이면서 사랑을 이어가는 법이다.

'다른 사람과 결혼했다면 더 행복하지 않았을까?'라고
의문을 품어봐도 답을 얻을 수 없다. 다만 행복해지려면
자신의 선택을 믿고 '이 사람을 사랑해야지'라고 실존적

결단을 내리는 것이 현명한 태도일 뿐.

사랑은 수고로움을 수용하는 것

두 사람 사이에 애정이 넘쳐도 매일의 생활에는 지긋지긋한 잡일이 쌓인다. 결혼하기 전에는 요리도 세탁도 하고 싶을 때 하고, 간혹 호의를 베풀어 상대를 위해 그런 일을 해주면 감사를 받았다. 그런데 결혼하면 모든 집안일이 누군가 반드시 해야 하는 의무적인 일이 된다. 연애나 신혼 시절에는 관능적이던 섹스도 몇 년 지나면 자극의 정도가 약해진다. 사랑한다는 것은 이런 수고로움과 환멸을 받아들일 각오를 하는 것과도 같다.

아내가 남편의 사랑에 대한 불신을 토로할 때, 자세히 들여다보면 자신의 일상에 대한 불만인 경우가 많다. 이런 아내에게 "어떻게 하면 행복할 것 같나요?"라고 물으면, 일요일에 같이 쇼핑하러 가줬으면 좋겠다든가 퇴근하고 오면 같이 대화하고 싶다, 집안일을 조금 해줬으면 좋겠다 같은 대답이 돌아온다. 그것은 깊은 공허함을 제대로 언어화하지 못하여 생기는 문제가 아니다.

이런 사람은 행복이 '지금 여기'가 아닌 '늘 어딘가 다른 곳'에 있다고 생각한다. '언젠가 나는 세련되고 아름다운 여인이 될 것'이라고 꿈꾸던 소녀 시절처럼.

번잡하고 평범한 일상을 함께 보내는 것 자체가 행복하다고 느끼는 것이 사랑이다.

경쟁하지 않는다

사랑이란, 상대와 경쟁하거나 상대를 이기려 하지 않는 것이다. 관계가 무너진 커플 중에는 '부부가 둘 다 좋은 사람인데 안타깝네'라는 생각이 들 만큼 의외인 경우가 있다. 파탄의 원인 중 하나는 '착한 아이 경쟁'일 가능성이 있다. 다시 말해, 상대보다 '착한 아이'로서 우위를 점하려는 것이다. 이런 마음 때문에 상대에게는 괜한 부담이라고 느껴질 만한 행동을 하게 된다. 본인은 좋아서 하는 일이라고 해도 결과적으로는 상대를 깎아내리는 일이 되고 만다.

착한 아이 경쟁은 부모가 두 사람 사이에 개입할 때 특히 명백해진다. 이를테면, A의 어머니가 노인 요양 시설에 들어가 휠체어에 앉아 생활하는 상황이라고 해보자. 부부가 어머니를 뵈러 갔을 때, 장모에게 '착한 아이'인 자신을 보여주려고 남편이 휠체어를 밀고 산책을 한다. 보통은 자기 어머니를 지극히 대하는 남편에게 고마워하지만, 아내 역시 착한 아이 경쟁 의식이 강하면 이런 상황에 무심코 분노를 느낀다.

이것은 어릴 때부터 몸에 밴 마음과 행동의 습성으로 무의식중에 나올 수 있어서 스스로 주의할 필요가 있다. 착한 아이 경쟁에 국한된 것이 아니라, 애정 관계에서 경쟁심은 걸림돌이 될 뿐이라는 사실을 기억해야 한다.

'사랑은 두 사람이 하나가 되는 것'이라는 기대를 내려놓는 편이 현명하다. 일체화를 추구하면 상대가 자신의 기대에 맞춰 행동하도록 요구할 수밖에 없다. 상대가 나와 한몸이라고 느끼는 것은 자신이 기대한 대로 상대가 행동해주었기 때문이다.

상대는 자기와 다른 인생을 살아온 별개의 인격체다. 자신에게 딱 맞는 사람은 세상에 존재하지 않는다. 아무리 이해해보려고 해도 자신의 틀로는 이해할 수 없는 부분이 있기 마련이다. 그래도 그 사람의 있는 그대로를 받아들이고 존중하고 아끼는 것이 사랑이다.

내가 어릴 때는 무샤노코지 사네아츠(武者小路実篤)의 '너는 너 나는 나 그래도 사이좋게'라는 시 구절이 집집마다 걸려 있었다. 서로를 다른 독립체로 받아들이는 것이다.

젊을 때는 상대가 이렇게 저렇게 해주기를 바란다. 그렇게 서로 이해하고 다가갈 수 있는 부분은 맞춰가며 두 사람은 성장하고 관계도 성숙해진다. 그러면서 상대의 존재 자체를 서로 받아들이게 된다. 여기에는 분명 포기와 인내도 포함되지만, 함께 생활하며 구축된 유대가 있기에 설령 다툰다 해도 상대를 아끼는 마음이 있다는 사실이 무엇보다 중요하다. 이것이 부부의 사랑이다. 이런 사랑에 기반한 포기와 인내는 젊은 시절의 포기와 인내와는 성질이 다르다.

◆ ◆ ◆

감사하는 마음이 세상을 바꾼다

평범한 일상이지만

한신·아와지 대지진이나 동일본 대지진 후에 '살아 있다는 것 그 자체에 감사하게 됐다'라고 많은 이가 말한다. 가족이 곁에 있고 자기를 걱정해주는 사람이 있다는, 예전에는 당연시했던 사실에 감사하게 되었다는 것이다. 명예나 욕구를 좇아 아등바등 사는 데 회의를 느끼고 평범한 일상이 이어지는 것이 행복임을 새삼스레 깨달았다고, 살아 있다는 것만으로도 만족한다고 말한다.

살아 있다는 것, 가족이 있다는 것, 친구와 연인이 있다는 것. 이러한 것을 감사하는 마음으로 보면 세상은 밝고 즐겁고 빛난다. 감사하는 마음이란, 부족한 것에 대한 집착을 내려놓고 현실을 만족스러운 것으로 받아들이는 자세다.

연인에게 감사한다는 것은, 과한 기대를 하지 않고 상대를 있는 그대로 받아들이는 일이다. 완벽한 상대는 세상에 없다. 좋은 점을 바라보며 부족한 점에는 살짝 눈감아줄 수 있어야 한다.

용서할 수 없는 남편이었는데

Y의 남편은 전형적인 회피형 애착 유형 남성이다. 금융업계에서 근무해서 수입은 부족하지 않고 기본적으로 건실한 사람이다. 이렇다 할 취미도, 휴일에 외출하는 일도 없다. 그녀가 말을 꺼내고 계획하지 않는 이상 가족 여행을 가지도 않는다. 침대는 따로 쓴 지 오래다. 예전부터 가끔 남편의 무신경한 말에 상처받을 때가 있지만, 남편

은 전혀 눈치채지 못한다. 남편의 다정한 태도에는 변함이 없으므로 그런 말에 악의는 없다고 생각한다. 그래도 Y에게는 상처가 된다. 신혼 때부터 느꼈지만 사소한 데 집착하는 옹졸함이 도저히 적응되지 않는다. 외동딸이 대학에 들어가며 집을 나가고 부부만 생활하게 되자 남편에 대한 혐오와 불신이 더욱 쌓였다.

그런 시기가 길어지며 이혼을 고려하게 되었다. Y는 용기를 내서 이혼을 고민하는 사람들의 워크숍에 참가했다. 참가자는 한 명씩 순서대로 이혼을 생각하는 이유를 말했다. 가정 폭력, 외도, 도박, 태만 등의 이유가 이어졌다. 알코올 문제, 아이를 학대하는 태도 때문인 경우도 있었다. Y는 자신의 순서가 돌아왔을 때 당황하고 말았다. 어떻게든 자신의 심정을 표현하려 했지만 다른 참가자들로부터는 '뭐가 문제인지 모르겠다', '없는 것을 달라고 억지를 부리는 것 같다'라는 지적만 돌아왔다.

'먼저 마음을 열고 다가서보면 어떨까?', '가끔은 호텔에 가보자고 이야기를 해봐라', '좋은 점을 보며 감사하는 마음을 가져보기 바란다' 같은 조언을 받았다. 워크숍 도중에 자신의 안일함을 절실히 깨닫고 눈물이 멈추지 않았다.

예상치 못한 결말이었지만, 누구에게도 말하지 못했던 속내를 털어놓았다는 점과 자신의 환경을 새롭게 바라보는 기회가 되어 Y는 개운한 마음으로 귀갓길에 올랐다고 한다.

'즐거운 매일' 만들기

다른 사람의 마음을 통제할 수는 없다. 할 수 있는 일은 오직 자신의 마음을 바꾸는 것뿐이다. 자기가 바꿀 수 없는 것은 그냥 받아들이는 수밖에 없다. 미국 신학자 라인홀드 니버(Reinhold Niebuhr)는 이렇게 기도했다.

> 신이시여, 저에게 바꿀 수 없는 것을 받아들일 평온과
>
> 바꿀 수 있는 것을 바꾸는 용기와
>
> 그 차이를 분별할 지혜를 주소서.

감사하는 마음은 자기가치감을 높여준다. 감사란 타인에게 받은 도움과 배려를 의식하고 자신이 사랑받고 있음을 느끼는 일이다. 감사의 반대는 불평이다. 불평은 말할수록 부족한 부분에만 시선을 향하게 하여 사람을 불만투성이로 만든다. 불평은 상대를 깎아내리는 데 그치

지 않고 자신의 부족함을 드러냄으로써 자신 또한 깎아
내린다.

오늘로 인생이 끝난다고 생각하면 불평이나 늘어놓고
있을 수는 없다. 어떻게든 즐거운 하루를 보내려고 할 것
이다. 다른 것을 바꿀 수 없다면 자기 마음을 바꾸는 수밖
에 없다. 행복한 나날은 이렇게 사소한 마음가짐에서 시
작된다.

제9장

즐기는 일에 죄책감을
느끼는 사람에게

즐긴다는 것은 쾌감을 맛본다는 뜻이다.

쾌감은 생명의 원천이며 자기가치의 원천이다.

쾌감을 동반한 체험은 자기가치감을 높이고 불쾌한 체험은 무가치감을 키운다.

무가치감이 강한 사람은 쾌감을 쉽게 포기하고, 그 결과 무가치감이 더욱 강

해진다.

◆ ◆ ◆

쾌감은
나쁜 것?

금지된 쾌감

무가치감이 강한 사람은 쾌감에 대한 두려움이 있어서 쾌감이 동반되는 체험에 몰두하지 못한다. 여유로운 시간을 보내면 자신의 태만함을 비난하는 마음이 솟구친다. 즐겁게 놀다가도 문득 '이래도 되나?'라는 불안이 엄습한다. 맛있는 식사를 즐길 때도 불쾌감이 뱃속에서 꿈틀댄다. 섹스나 마스터베이션은 특히 강한 죄책감을 동반한다.

이것은 성장 과정에서 쾌감이 죄책감이나 불안감과 연결되었기 때문이다. 흔히 아이를 훈육할 때 '쾌감 뒤에는 벌이 온다'는 식으로 아이를 겁주는 경우가 많다.

"아이스크림을 그렇게 많이 먹으면 분명히 배탈이 날 거다." "게임만 하면 시험에서 떨어진다."

나아가 '괴로움이야말로 가치 있는 것'이라는 이념을 내세운다. 다음과 같은 속담이 좋은 예다.

"아끼는 자식에게 여행을 시켜라."

"매를 아끼면 아이가 잘못 큰다."

아이는 쾌락을 바라면 '게으른 사람', '응석받이', '이기주의', '제멋대로'라며 비난당하고 쾌감 자체가 죄악이라 배운다. 학교에서도 마찬가지다. 의미도 알지 못하고 흥미도 없는 고통뿐인 학습과 활동에 따라야 한다. 이를 거부하려고 하면 불안감과 죄책감을 느끼도록 설득당하고 실질적인 벌을 받는다.

종교도 쾌락을 금지한다. 불교에서는 쾌락에 대한 욕구가 인간을 괴롭히는 것, 번뇌라 부르고 이를 버리는 것이야말로 평온한 마음에 이르는 길이라고 말한다. 우리 존재의 원천인 성적 쾌감을 가장 근원적인 죄로 여기며 원죄라 부르는 종교도 있다.

성장 과정에서 쾌감이 성과 연결되면 그것에 대응하는 신체 부위도 죄를 짊어지게 된다. 실제로 어린아이는 자기 신체를 애무하며 쾌감을 얻기도 한다. 남아는 자신의 성기를 가지고 논다. 여아는 자신의 성기를 만지거나 누른다. 부모는 이런 상황을 목격하면 화들짝 놀라며 아이를 호되게 꾸짖는다. 이로써 아이는 성적 쾌감은 나쁜 것이며 그 쾌감을 유발하는 신체 부위는 부끄럽고 사악한 것이라고 의식하게 된다.

배설 기관은 성적 기관과 근접하고 그 자체의 쾌감을

불러오는 신체 부위이기도 하다. 이 때문에 성적 이미지
와 강하게 연결되어 더럽고 죄의식을 유발하는 대상으로
인식되기도 한다. 따라서 성적 쾌감이 과도하게 억제되면
배설 기능에 이상이 생길 수 있다.

'지금, 여기'를 살지 못한다

우리의 부모 역시 우리와 비슷한 환경에서 자랐으므로 부
모 자신도 어느 정도 쾌감이 동반되는 체험에 죄의식과
공포를 품고 있다. 그래서 아이가 즐기고 있으면 자기도
모르게 불안해져서 찬물을 끼얹는 행위를 하고 만다. 아
이가 텔레비전 방송을 재미있게 보고 있을 때 "숙제는 다
했니?" 하고 묻는다. 취미 생활을 하고 있으면 "그런 것
할 시간에 공부를 해라"라고 한다. 부모의 이런 행위는
아이가 순수하게 쾌감에 빠지는 것을 방해한다. 한 여학
생은 이렇게 표현했다.

"내게는 '이것을 좋아한다'고 말할 만한 것이 없다. 아이돌에
빠져 있는 주변 친구들이 부럽다."

또 한 학생은 다음과 같이 썼다.

"어릴 때 여름방학처럼 긴 휴가에 할 일이 없었다. 설령 하고 싶은 일이 있어도, 그 정도로 하고 싶다는 생각이 들지 않아서 좀처럼 몸이 움직이지 않았다. 가만히 있으니 기분이 점점 가라앉았다. 주말이 싫고 학교에 가는 날이 좋았다."

쾌감이란 '지금, 여기'를 만끽하는 것이다. 쾌감을 억누르는 사람은 '지금, 여기'에 집중하지 못한다. 이런 사람에게 '지금'은 언제나 '훗날'을 위한 준비 기간이다. 늘 무언가에 쫓기는 듯해서 마음이 쉬지 못한다.

◆ ◆ ◆

왜곡된
쾌감

음식을 먹으면 식욕은 사라진다. 친구와 즐거운 시간을 보내면 고독감이 사라진다. 이처럼 사람은 만족된 욕구에 구애받지 않는다. 그러나 욕구가 채워지지 않으면 그 욕구는 더욱 강해져서 그것에 집착하게 된다. 자연스러운 쾌감을 추구하는 충동이 과도하게 억눌리면 왜곡된 형태의 쾌감을 추구하는 충동으로 바뀐다.

쾌락적 충동의 퇴행

쾌락적 충동이 충족되지 않으면 나이에 어울리지 않는 쾌락에 집착하게 된다. 이를테면, 어린 시절 어머니에게 응석을 부리는 욕구가 채워지지 않은 사람은 어른이 되어도 응석을 부리고 싶은 충동에서 벗어나지 못한다. 어린 시절 여러 가지를 배우러 다니며 부모 기대에 부응하려고 노력해왔다는 한 여학생은 이렇게 말했다.

"아기들은 좋겠다. 아무것도 하지 않아도 귀염받고 다들 챙겨주니까."

한때 유급을 반복하는 남학생을 지도한 적이 있다. 그의 교제 상대는 늘 유부녀였는데, 그의 응석을 받아주는 사람들이었다. 그는 유부녀인 상대를 밤에 불러내는 등 무리한 요구를 하고, 그것을 받아주는 것이 애정의 증거라 느꼈다. 그런 일이 거듭되면 당연히 상대의 가정생활이 위험해지고, 그러다 그녀가 진심으로 이혼을 고려하면 바로 발을 빼는, 그런 상황의 반복이었다.

중년기나 노년기에도 오로지 상대가 자신에게 헌신하기를 바라는 사람이 있다. 상대를 지지하고 보호하거나 젊은이의 성장을 지원하는 일로 관심사를 옮기지 못하는 사람도 일종의 퇴행 상태에 있다고 할 수 있다.

의존증

충족되지 않은 쾌락에 대한 충동은 강박적인 경향을 띤다. 이것의 전형이 의존증이다. 의존증에는 알코올 의존증, 약물 의존증, 쇼핑 의존증, 도박 의존증, 섹스 의존증, 연애 의존증 등이 있다.

섭식장애도 특정 쾌감에 과도하게 집착한 상태라 할 수 있다. 과식증은 먹는 쾌감에 과도하게 의존한 상태이며, 거식증은 마른 체형과 식욕을 억제하는 충실감 등에서 과도하게 쾌감을 얻는 상태다.

심신이 건강하려면 일정량의 쾌감이 필요하다. 좋아하는 동아리 활동에 열중할 때보다 수험공부로 동아리 활동을 그만둔 후에 마스터베이션 빈도가 잦아지는 것도 이런 예가 될 수 있다. 여행, 하이킹, 골프 등을 열정적으로 즐기는 사람은 알코올, 담배, 도박 등의 의존증과는 거리가 멀다.

이처럼 무언가에 과도하게 의존하는 사람은 정신적 신체적 쾌락이 부족한 상태다. 그들 대부분의 생활에는 열중하는 취미나 스포츠, 인간관계의 즐거움 같은 것이 없다. 알코올 의존증인 운동선수는 좀처럼 상상이 되지 않는다.

의존증은 정신적 요인과 큰 관련이 있다. 부모와의 갈등이나 생활상 커다란 스트레스 등이 예가 될 수 있다. 한편, 의존증으로 발전하기 쉬운지 아닌지에는 유전적인 요인도 관계가 있다. 이를테면 도파민 수용체 밀도가 낮아 쾌감회로가 활성화되기 어려운 것이 의존증으로 발전하는 데 영향을 줄 수 있다는 연구 결과가 있다.

반도덕적 행동과 마조히즘

건전한 욕구 만족(쾌락적 체험)이 금지되면 증오나 적의가 발생하여 괴롭힘이나 폭력 등으로 쾌감을 얻으려 하는 경우가 있다. 금지되는 것에 대한 반항으로 쾌감을 느끼기도 한다. 일부러 교칙을 지키지 않는 행위가 이것의 전형적인 예다. 또는 과도하게 금욕적인 가정환경에서 자란 아이가 원조교제 같은 방종한 성행위로 치닫는 일도 있다.

쾌락에의 충동이 굉장히 복잡하게 굴절된 형태로 나타나기도 한다. 이를테면 금욕주의처럼 쾌락적 체험을 완전히 멀리함으로써 또는 자기희생적 삶의 방식에서 쾌락을 얻는 사람도 있다. 어떤 사람은 고통이나 굴욕에서 성적 쾌감을 느끼기도 한다. 이런 심리는 성적 쾌감이라는 죄를 신체적 고통으로 보상하려는 것과 같다. 또, 자책감만으로는 합리화할 수 없는 자해행위에 이르는 사람도 있다.

◆ ◆ ◆

성숙한 어른의 조건

쾌감과 행복의 밀접한 관계

행복한 인생은 쾌감을 동반한 체험으로 가득 차 있다. 인간의 성장이란 행복한 인생을 살아가기 위한 힘을 얻는 것이므로 성장할수록 쾌감을 동반한 체험은 더욱 풍요로워진다.

쾌락적 체험을 풍부하게 만드는 데는 두 가지 길이 있다. 하나는 쾌감의 채널을 늘리는 것이고, 다른 하나는 쾌

감의 감도를 높이는 것이다. 쾌감의 채널을 늘리는 방법
으로는 새로운 취미를 갖거나 새로운 일에 도전하는 것을
들 수 있다. 쾌감의 감도를 높이는 것은, 이를테면 계절의
사소한 변화를 전보다 민감하게 즐기거나 소설이나 드라
마에 더 깊이 공감하는 식이다. 나이가 몇이든, 쾌감의 채
널을 늘리고 감도를 높일 수 있다.

나는 최근 음악을 들을 때 예전보다 음 하나하나의 아
름다움을 더 깊이 느끼게 되었다. 젊을 때는 외국어로 노
래하는 오페라에 전혀 관심이 없었지만, 목소리를 하나의
악기로 인식하게 되면서 이보다 훌륭한 악기는 없다고 느
끼며 즐기게 되었다.

다른 채널에 따른 쾌감이라도 뇌에서는 공통의 회로
가 작동하는 것이 과학적으로 밝혀졌다. 흔히 쾌감회로라
불리는 이 회로는 신체적 쾌감은 물론이고 미적 감상이나
기부 활동 등에서 얻어지는 정신적 쾌감에도 마찬가지로
활성화된다.

동심으로 돌아가는 마음

쾌감에 대한 솔직한 태도는 활력을 불러일으키고 건강을
지키는 데 긍정적으로 작용한다. 심신 모두 건강한 사람

은 운동과 같은 신체적 쾌락뿐만 아니라 애정이 깃든 성
행위를 즐기며 독서와 영화, 연극 같은 문화적이고 정신
적인 즐거움도 누린다.

반면 쾌감과는 정반대 생활을 이어가면 에너지가 고
갈되어 몸과 마음이 피폐해질 우려가 있다. 번아웃 증후
군, 우울증, 과로사가 이런 증상의 전형이다.

때로 정신적 쾌락은 신체적 쾌락과 반대된다. 이를테
면 좌선에서는 다리 저림이나 추위를 감내하는 과정에서
마음의 상쾌함을 얻는다. 이런 예 때문에 정신적 쾌락을
추구해야 하며 신체적 쾌감을 추구하는 것은 정신적 미숙
함에서 비롯된다고 보는 사고방식이 있으나 그것은 옳지
않다. 성숙함이란 고차원적인 정신적 쾌락 외에도 원초적
인 신체적 쾌락을 순수하게 즐길 줄 아는 것이기도 하기
때문이다.

고도의 자아실현을 이룬 사람을 연구하여 인간성 심리
학이라는 심리학의 새로운 흐름을 만든 매슬로는 성숙한
인간의 특징으로 '자발적 퇴행'과 '천진난만함'을 들었다.

성숙한 사람은 누구보다 즐기는 일에 능숙하다. 자기
뜻대로 퇴행하여 동심으로 돌아가 아이와 같은 수준으로
놀면서 새로운 사람과 친해질 수 있다.

◆ ◆ ◆

기다려지는
시간 만들기

쾌감을 풍부하게 체험하려면 생활 계획에 즐거운 일정을 넣는 것이 도움이 된다. 중장기 계획에는 여행을 가거나 취미·특기 향상을 위한 시간, 새로운 도전 같은 일정을 포함한다. 단기적으로는 매월, 매주 일정에 '즐거움' 요소를 넣는다. 매일 기다려지는 '소소한 행복의 시간'을 만드는 것이다. 나는 클래식 음악을 들으면서 천천히 커피를 즐기는 시간이 매일의 즐거움이다.

이런 즐거운 일정에는 운동 같은 신체 활동을 포함하기 바란다. 적당한 운동은 쾌감과 관련된 신경전달물질인 도파민 분비를 촉진하므로 몸을 조금만 움직여도 마음이 편해지는 효과가 있다. 가장 하기 쉬운 운동은 걷기다. 편한 신발을 신고 정면을 보며 걸어보자. 손끝과 발끝까지 생기가 넘치는 듯 팔을 가볍게 흔들며 보폭을 크게 하고 걷는다.

기분이 가라앉아 있으면 아래를 보며 걷기 쉽다. 그런데 아래를 향한 시선은 실의나 낙담과 연결되고, 시선을 앞에 두면 미래, 뒤에 두면 과거나 후회와 연결된다. 고개는 정면의 살짝 위를 향하는 느낌으로 걸어보자.

내가 근무한 대학은 다마 구릉지 한쪽에 있다. 역에서 대학까지는 걸어서 30분 거리로, 도쿄라고는 생각하기 힘든 자연 속 길을 따라 작은 언덕을 하나 넘는다. 매일 걸어서 통근한 덕에 봄·여름·가을·겨울 사계절을 오롯이 즐길 수 있었다. 여름도 좋았다. 웬만한 비에도 걸어 다녔는데 톡톡톡 나무 사이로 떨어지는 빗소리가 정겨웠다. 비 온 다음 날, 날이 맑으면 새소리가 유난히 떠들썩하고 딱따구리가 나무 두드리는 소리가 났다. 감동적인 풍경이었다.

해외를 여행하는 사람들 모습을 보여주는 텔레비전 방송이 한창 인기다. 그런 방송을 보면 사람의 온정을 새삼 느끼게 되고, 인생은 과감하게 즐기는 것이라는 생각이 든다.

우리는 괴로워하기 위해 살아가는 것이 아니다. 인생은 즐기는 것이다. 일 또한 즐기기 위해 하는 것이다. 다른 이와 함께 생활하는 것도 즐겁기 위해서다.

즐기는 데 주저할 필요가 없다. 쾌감 채널을 늘려 마음껏 즐기며 '지금, 여기'를 살아가는 '자기 자신'을 실감하기 바란다.

제10장

자신을
신뢰한다

무가치감이 강하면 자기 내면보다 외부 세계에 초점을 맞춘다.

자기 내면을 보지 않는다는 것은 자신의 감각과 감정, 욕구를 신뢰하지 않는다는 뜻이다.

이에 대한 신뢰를 되찾는 것이 무가치감에서 벗어나는 길이다.

◆ ◆ ◆

외면되는
감각과 감정

억지로 웃는 괴로움

갓난아이는 감각으로 살아간다. 불쾌하면 온몸을 다해 울며 호소한다. 그 작은 몸에서 나온다고는 믿기지 않을 만큼 우렁찬 아기의 울음소리는 강력한 자기주장이다.

하지만 우리는 성장하면서 감정 그대로 표출하는 것을 억제하도록 요구받는다. 소리치거나 우는 것이 아니라 감정을 말로 치환하고 설명하도록 배운다.

감정을 억누르는 데 그치지 않고 거짓 감정을 표현하도록 강요받기도 한다. 집에서 침울한 표정을 하고 있으면 밝은 표정으로 있으라고 혼난다. 기쁘지 않은 선물을 받아도 기뻐해야 하고, 영어를 배울 때는 반갑지 않은 상대를 만나도 '만나서 반갑습니다'라고 해야 한다.

사회적인 상황에서 감정은 한층 소홀하게 취급된다. '공부할 기분이 아니라서' 선생님 지시를 거부하는 것은 용납되지 않는다. '가고 싶지 않아서'라는 감정적 이유로는 학교를 빠질 수 없다. 그래서 죽고 싶을 만큼 괴로워도 학교에 가는 아이가 있는 것이다. 회사에서 '일할 기분이 아니라서'라는 이유로 휴가를 낼 수는 없다. '감기에 걸렸다', '친척이 돌아가셨다'처럼 감정 이외의 구실이 필요하다.

부정적 감정을 억누를 뿐만 아니라 플러스 감정을 표출하는 사람일수록 사회적으로 높게 평가받는다. 이 때문에 감정과 표출 사이에 괴리가 생긴다. 꼴 보기 싫은 상대에게도 얼굴 근육을 움직여 미소를 만든다. 속에서는 분노가 들끓어도 겉으로는 평온한 표정을 짓고, 슬퍼도 웃는 얼굴을 보이는 것이다.

감정은 숨기는 편이 낫다?

부모 기분이 언짢으면 아이는 불안하고 불쾌한 상태에 놓인다. 민감한 아이는 부모가 조금만 표정을 흐려도 자기 감정을 구석으로 몰아낸다. 이것이 일상적 대처방식으로 자리 잡으면 자기가 감정을 억누르고 있다는 사실을 본인도 의식하지 못한다. 일부러 큰소리를 내며 문을 닫거나, 틀어박히거나, 뒤에서 불평하는 등의 행동을 본인은 분노의 표출이라고 생각하기 쉽지만, 이것은 분노를 억누른 행동이다. 먹이를 빼앗길 것 같은 동물은 상대를 위협하고 공격해서 쫓아낸다. 이처럼 분노의 표출이란 본래 대상을 향해 공격하는 것이다.

이런 수준의 행동이 허용되는 상황이라면 그나마 나은 편이라 할 수 있다. 그조차 용서되지 않는 환경에서 자라는 경우도 많다. 여기에는 양극단의 방식이 있다.

하나는, 부모에게 말대꾸조차 못할 정도로 엄격한 가정이다. 이때 아이는 부모에게는 완전히 복종하며 부모에 대한 적대감을 다른 이에게 향한다. 자기보다 약한 자에게 분노를 퍼붓거나 교사나 상사 등 부모와 동일시되는 대상에 반항하는 식이다.

이보다 더 심각한 것은, 표면상 평온하나 죄책감을 느끼게 하는 양육 환경이다. 이런 가정에서는 미묘한 감정조절로 부모와 자녀의 관계가 성립된다. 부모 심기가 불편해질 만한 일은 허용되지 않으며 부모를 향해 분노나 증오, 원망을 느끼면 죄책감이 든다. 그런 감정 자체를 배제하려는 메커니즘이 작동한다. 그래서 분노나 증오, 원망을 자신의 감정으로 체험하지 못한다. 예리한 감성을 가진 여성은 이렇게 표현했다.

"부정적인 감정을 남에게 쏟아봤자 결국 내가 그 감정에서 벗어나지 못하고 괜히 후회만 한다는 것을 경험으로 알기 때문에 아예 그런 감정이 솟구치지 않아요.”

이런 감정은 우울한 기분으로 변질된다. 어린 시절 혼나거나 벌을 받고 울다 지쳐 멍하니 기분이 가라앉았을 때의 우울한 상태를 기억할 것이다. 우울의 본래 감정은 분노, 슬픔, 원망, 증오, 절망, 공포, 무력감이다. 몸과 마음은 그런 감정을 외치고 싶어 하는데 표출할 수 없으니 의식을 둔화시켜서 자신을 보호하려는 메커니즘이 작동하는 것이다.

감정 억제는 외부 세계에 대한 복종

포르투갈 출신 신경과학자 다마지오(Antonio Damasio)를 비롯해 인간의 감정을 연구한 여러 학자에 따르면, 감정은 세 단계 생리적·심리적 과정으로 구성되며 그 발생과 의식은 다른 단계에서 이루어진다.

우선, 뇌가 자극을 평가하면 학습성 신체적 변화가 자동적으로 발생한다. 이런 신체 변화는 선천적 요인에 따른 것이 아니다. 이때 자극이 위험하다고 평가되면 교감신경이 흥분되어 근육이 긴장하고 심장과 혈관계 움직임이 활발해지며 아드레날린과 같은 호르몬이 분비되어 혈압이 상승한다.

이런 신체 변화가 뇌로 전달되고 상위 뇌 신경을 자극해서 '감정의 표상'이 만들어진다. 감정의 표상이란 그 감정에 대응하는 뇌 부위 활성화를 말한다. 이 감정의 표상을 의식하면 '나는 화가 났다', '불안하다' 같은 감정을 자각하게 된다.

감정의 억제나 변질은 이런 감정을 의식하는 작용을 차단해버리는 일이다. 일반적으로 대뇌피질은 하위 중추에 억제적인 기능을 담당한다. 화가 나서 상대를 때리고 싶을 때도 그것을 억눌러 사회적으로 용인될 만한 언어로 표현하는 것은 대뇌피질 작용이다. 생리적·신체적 수준에서 분노 반응이 일어나도 이것을 받아들이는 대뇌피질에서 차단하는 것이다

신체적 수준에서는 감정이 발생해도 의식적 수준에서 그것을 인지하지 못할 수 있다는 사실은 많은 실험을 통해 밝혀졌다. 이를테면, 매우 불쾌한 말을 화면에 순간적으로 표시했더니 제시된 말을 의식에서는 인식하지 않아도 땀이 나는 등 신체는 불쾌 반응을 나타낸 것이다.

자기 감정 억제는 외부 세계에 대한 복종이므로 무력감과 무가치감이 동반된다. 특히 분노 감정의 억압은 무력감, 원망, 굴욕감 등으로 변질되어 자기가치감을 좀먹는다. 평소 얌전한 사람이라도 격한 분노가 일면 자기도 모르게 손이 나가는 것처럼 분노에는 힘이 있다. 분노 감정을 억누르는 것은 그 힘을 방출하지 않는 것이다. 분노의 힘을 발휘하지 못하면 외부 세계에 더욱 복종하게 되어 무력감이 한층 강해진다.

감정을 억눌러야 하는 가정에서는 체험마저 변질된다. 예를 들어, 부모가 멋대로 아이에게 요구한 사항을 아이는 부모의 애정에 따른 것으로 받아들여야만 한다. 이는 정신적으로 큰 부담이 되므로 그런 일 자체가 마치 존재하지 않았던 것처럼 의식에서 지워지기도 한다.

자기 감정에 대한 의식을 흐릿하게 만들면 자기 신체에 대한 감수성이 떨어진다. 좋고 싫은 것, 쾌-불쾌 같은 것뿐만 아니라 피로, 공복, 더위, 추위 따위를 느끼는 데도 둔해진다. 그래서 자기 만족감이 아니라 칼로리 계산이나 외적 요소로 식사량을 조절한다. 더위나 추위도 자기 감각이 아니라 온도계로 판단한다. 피로감 또한 몸의 느낌이 아니라 노동 시간 길이로 판단하는 식이다.

◆ ◆ ◆

에너지를
자신의 행복을 위해 쓰기

쾌락과 행복을 얻기 위해

감정, 의지, 사고, 노력은 본래 쾌락과 행복을 얻기 위한 것이다. 감정은 우리 인생의 기본 방향과 목표를 결정하는 기준이 된다.

누구와 친구가 될지, 누구와 연애를 할지, 이 사람과 결혼할지, 이혼할지, 어떤 직업을 가질지, 현재 직장에 남을지 이직할지, 이런 인생의 주요 장면에서 선택을 좌우하는 것이 감정이다. 어떤 옷을 입을지, 오늘 저녁 무엇을 먹을지, 어떤 방송을 볼지 따위의 사소한 행위 또한 감정이 결정한다. 자신의 감정을 제대로 파악하는 것이 자기 자신으로 살아가는 출발점이다.

의지란 감정에 따라 규정된 방향으로 자신을 이끌어 가는 정신적 힘이다. 바꿔 말해서, 목표실현을 향해 우리를 움직이게 하는 에너지다. 목표가 내발적 요구를 따르고 있으면 강한 의지가 필요 없다. 설령 강한 의지가 필요한 상황이라도 고통은 감내할 수 있으며, 오히려 그것이 쾌감으로 느껴지기도 한다.

사고란 의지가 사용하는 일종의 도구다. 목표에 도달하는 방법을 찾는 기능을 한다. 이를테면, 탁자에 놓인 과자가 먹고 싶은데 손이 닿지 않을 때 아이는 사고하여 의자를 옮겨와 그 위에 올라가 과자를 손에 넣는다.

성장함에 따라 의지는 사회적 가치를 달성하기 위해 마음과 행동을 의식적으로 통제하는 '노력'으로 나타난다. '노력하는 사람'이나 '어떤 일에든 성실하게 임하는 자세'와 같이 노력 그 자체가 가치 있는 행위로 평가되며, 나아가 노력 자체가 의지와 노력의 대상이 되기도 한다.

노력의 지속적인 발휘가 근면함이다. 근면함은 안정적인 직업과 행복한 가정생활의 필요조건이다.

감정 왜곡이 고통스러운 노력을 낳는다

감정, 의지, 사고, 노력은 본래 우리의 쾌감과 행복을 위해 존재하는 것이다. 그런데 그 기본이 되는 감정이 왜곡되면 의지·사고·노력은 불쾌함과 괴로움을 만드는 방향으로 향하게 된다.

예를 들어, 어머니와 애착 관계가 제대로 형성되지 않아서 애착 장애가 생기면 의지·사고·노력을 과도한 자제나 자립에 쏠기도 한다. 발달심리학자 에인스워스(Mary Ainsworth)의 유명한 '낯선 상황 실험'에 따르면, 이런 경향은 겨우 두 살짜리 유아에게서도 나타난다. 유아와 어머니가 관찰실에 함께 있다가 어머니가 잠시 나갔다가 돌아오는 상황에서 유아의 반응을 관찰한 실험이다.

어머니와 안정된 애착 관계가 형성된 유아는 어머니가 방을 나가면 울거나 불안한 반응을 보이다가 어머니가 돌아오면 기뻐하며 어머니에게 다가오는 등 감정이 신속하게 안정된다. 그런데 15~20퍼센트 유아는 어머니와 떨어질 때 울지 않고 다시 돌아와도 다가오지 않는다. 이는 회피형 애착이라고 부르는 유형으로, 어머니에게 적절하고 충분한 양육과 보호를 받지 못한 데서 기인한다고 여겨진다.

회피형 애착인 유아의 모습은 언뜻 보기에 '괜찮다. 혼자서 뭐든 할 수 있다'라는 표현 같지만, 이 아이의 마음은 강인함은커녕 무력감이라는 감정, 영어로는 'feeling of helplessness'가 지배한다. 이른바 고립무원이다.

어머니에게 충분한 애착이 형성되지 않으면 아이는 훈육을 애정이 아니라 굴복으로 받아들인다. 성장한 후에도 타인의 요청이나 충고를 굴욕적으로 느끼고 반항심에서 의지를 발휘하는 비뚤어진 성격이 되기도 한다. 또는 중요한 일을 혼자서 결정하거나, 조기에 집을 나가거나, 매우 빨리 결혼을 하는 식으로 의지와 노력을 '부모로부터의 해방과 자립'에 쏟는 경우도 있다.

타인의 평가가 자기 가치가 되는 사람

아이가 노력해야만 부모의 애정을 얻을 수 있는 양육 환경에서는 신체적 요구나 쾌감에 반하는 방향으로 의지와 노력이 향해지기 쉽다. 이런 환경에서는 자기 존재 자체에 가치를 느끼지 못하므로 노력의 성과로서 주어지는 평가로 자기 가치를 증명하게 된다. 그래서 지위, 평판, 명예, 수입, 권력 등 오로지 사회적 평가를 달성하는 데 의지와 노력을 쏟아붓는다.

미국의 심장전문의 프리드먼(Meyer Friedman)이 심혈관 질환에 걸릴 확률이 높다고 지적한 'A형 행동 유형'이 전형적인 예다.*

이 유형의 사람은 정력적이고 경쟁심이 강하며 늘 초조함에 쫓기며 일한다. 본인은 사회적 가치를 중요시하므

---

* 프리드먼에 따르면, B형 행동 유형은 여유롭고 안정적인 성향으로 경쟁과 시간 압박에 덜 민감하여 상대적으로 심혈관 질환 위험이 낮다.

로 이런 행동이 삶의 보람이 된다. 굳은 의지를 보여주듯이 그들 어깨는 늘 굳어 있으며 미간에 주름을 세우고 입은 굳게 다물고서 온몸을 긴장한 채 큰 보폭으로 빠르게 걷는다. 큰소리로 말하고 말투는 공격적인 색을 띤다. 이런 행동 패턴은 상시 교감신경이 활성화된 상태를 의미하므로 심혈관 질환에 걸릴 확률이 크다고 보는 것이다. 이 유형의 사람은 자신감에 넘치고 확고한 자기가치감을 가진 듯하지만, 사실은 그렇지 않은 경우가 많다. 이런 강박적 행동은 무가치감을 상황적 자기가치감으로 보충하려는 필사적인 시도이기도 하다.

어떤 사람은 오로지 '좋은 사람'이라고 증명하는 데 의지나 노력을 집중한다. 자신을 희생해서라도 타인의 편안함을 위해 봉사할 의무가 있는 것처럼 행동하는 사람이다. 이런 사람은 '아니요'라고 말하지 못하고 무슨 일이든 받아들인다. 강한 의지는 오직 자제심으로만 발휘되고, 노력은 자신이 떠맡은 일들을 해내는 데만 쓰인다. '좋은 사람'으로 평가되고 존경받는 존재가 되기도 하지만, 심부름꾼으로 이용당한다고도 말할 수 있다. 그래서 피해자 의식을 가지고 이 역할을 연기하는 경우가 많다.

자기 내면에서 비롯된 목표에 의지와 노력을 집중한다

무리할 정도로 노력하며 자신을 몰아붙이는 사람은 '남들과 똑같으면 안 된다', '남보다 뛰어나야 인정받는다', '열심히 해야만 나의 존재를 용서받을 수 있다'고 생각한다. '열심히 하지 않으면 자기 자신이 무너져버릴 것'이라는 불안이 포함되기도 한다.

그러나 그중에 게으른 사람은 없다. 오히려 의지가 강하고 근면하다. 그 의지와 노력의 방향이 자연스러운 생명의 흐름에 어긋나므로 스트레스가 되는 것이다. 따라서 지나치게 의지를 발휘하여 자신을 통제하려는 자세를 내려놓을 필요가 있다. '특별한 존재가 되지 않아도 된다', '지금 이대로도 괜찮다'라고 자신에게 말해본다.

그리고 노력의 방향을 자기 내면에서 우러난 감정에 맞추어 조정한다. 자신의 내부에서 출발한 목표를 향해 가는 노력은 쾌감과 에너지를 불러온다. 공부하러 학교에 가는 것은 싫지만, 전국대회를 준비하러 한여름에도 기꺼이 집을 나서는 고교생을 떠올려보면 이해하기 쉽다. 학교 공부는 두 시간도 못하는 아이가 작곡 공부에는 밤새는 줄 모른다. 등교를 거부하는 학생이 봉사 활동을 할 때는 생기가 돌아 활발하게 참여하기도 한다.

‘미래’만을 위해서가 아니라 ‘지금, 여기’를 즐기며 살기 위해 노력해야 한다. 그러한 노력이 결국 미래를 더욱 충실하게 만든다.

◆ ◆ ◆

자기 감각을 신뢰한다

자신의 감각과 감정을 신뢰하게 되는 매우 간단한 방법이 있다.

① ‘좋고 싫음’을 파악하는 데서 시작하기

감각과 감정의 근원은 ‘쾌-불쾌’, ‘호-불호’이다. 하지만 우리는 어릴 때부터 ‘좋고 싫음’을 노골적으로 드러내거나 ‘좋고 싫음’을 기준으로 행동하는 일은 바람직하지 않다고 배운다. 그래서 ‘쾌-불쾌’의 감각, ‘호-불호’의 감정 자체가 희박해지기도 한다. 그러니 우선은 이것을 의식하는 데서부터 시작하자. 제2장에서 언급한 사례의 M도 자신을 돌아볼 때 이것부터 시작해서 효과를 실감했다고 한다.

② 주어 의식하기

일본어나 한국어 대화에서는 주어가 생략될 때가 많다. 그런데 주어 생략은 주체의식을 흐리게 만든다. '내가', '나는'이라고 주어를 의식적으로 사용하면 자기 감각과 감정을 명확하게 인식하는 데 도움이 된다.

선택을 요구받는 상황에서는 '아무거나 괜찮아'라든지 '네가 정해'라고 말하는 대신, 자신의 마음에 진지하게 물어보고 '이것이 좋다', '이렇게 하고 싶다', '이것이 싫다'라고 마음의 소리를 솔직하게 표현해보자.

예술 작품을 감상할 때는 무명작가의 그림이라도 자기가 좋다고 느끼면 '이것이 좋다'고 확실하게 표현하고, 아무리 유명한 작품이라도 자신이 좋다고 느끼지 않는 것에는 '내 마음에는 들지 않는다'고 솔직하게 말해보는 것이다.

③ 느낌과 생각 언어화하기

앞서 예로 든 예술 작품 감상의 경우, '마음에 든다'라는 느낌에 더해 자신의 감상을 가능한 한 언어로 표현해보려고 시도한다.

자기 표현을 억제해온 사람은 느낌과 생각을 자각하기가 어렵다. 따라서 작품 감상이나 강연회 후 감상문 같은 것을 요청받으면 매우 곤란해한다. 자기 안에는 표현할 것이 없다고 생각하는 것이다. 하지만 느낌과 생각을 최대한 의식적으로 언어화하려고 시도하면 그런 감정 억제의 틀에서 벗어나는 데 도움이 된다. 본래의 풍부한 감성을 되찾을 수 있는 것이다.

텔레비전 방송 중에는 평론가 같은 사람들이 나와 자기 의견을 이야기하는 포맷이 많다. 우리도 마치 그런 사람이 된 것처럼 감상과 의견을 표현해보는 것도 유효하다. 자기 감상을 말하기는 어려워도 이런 코멘트에는 자신 있는 사람이 있는데, 그것은 지식량 또는 이해력, 분석력에 의존하기 때문이다.

④ 과감하게 퇴행해보기

감정의 억압을 떨쳐내려면 과감하게 퇴행해보는 방법이 유용할 수 있다. 심리 상담을 하다 보면 여성 상담자가 눈물을 흘릴 때가 많다. 우는 것은 어린아이로 돌아가는 일이며, 카타르시스를 부르는 효과가 있다. 많은 이가 상담 내내 울다가 그 자체로 마음이 편안해져서 돌아간다.

어린 시절 감성으로 돌아가지 못해서 울지 못하는 사람도 있다. 자신을 위해 울 수 없다면 타인을 위해서도 울 수 없다. 상대를 위해 눈물을 흘린다는 것은 상대에 대한 공감이자 다정함이며 애정의 마음이다.

울 수 없다는 것은 사랑에 솔직할 수 없다는 뜻이다. 아기는 큰소리로 울고, 아이들은 야외에서 소리 지르며 뛰어논다. 하지만 어른이 되면 큰소리를 낼 기회가 거의 없는데, 큰소리를 내는 것은 일종의 퇴행으로 자기 억제를 해소하는 기능을 한다.

소리를 크게 내려면 숨을 크게 들이마시게 되므로 다량의 산소가 체내로 들어와 신체가 활성화된다. 운동 경기 응원이나 콘서트, 술자리도 좋다. 마음껏 소리 질러보자. 한층 강해진 느낌이 들어 자신을 주장할 힘이 생길 것이다.

⑤ 신체 감각으로 감정 의식하기

자기 감각이나 감정을 신뢰하기 위해서는 그것들을 알아챌 필요가 있다. 감정은 본인이 의식하지 않아도 어떤 형태로 신체에 나타난다. 문득 걱정거리가 뇌리를 스치면 손바닥에 땀이 나기도 하고, 혐오나 불안을 숨기며 웃어도 눈 주변 근육은 굳어 있다.

신체의 사소한 변화와 불편한 감각은 자기 감정의 신호일 때가 많다. 그러나 평소 우리는 그런 위화감을 무시한다. 신체적 위화감을 솔직히 인정하고 자기 내면을 바라보면, 모른 척하고 있던 자기 감각과 감정을 의식하게 된다.

· 따끔거리는 위 통증은 그 걱정거리가 머릿속에 떠올라서다.
· 뱃속의 뜨거운 느낌은 분노의 감정을 억눌렀기 때문이다.
· 눈이 간지러운 것은 울고 싶은 기분이 솟구쳐서다.
· 코끝이 시큰거리는 것은 슬픔 때문이다.

이런 식으로 자신의 신체 감각을 솔직하게 마주하면 자기 안의 감각과 감정에 민감해질 수 있다.

⑥ 감정의 자각과 행동

자기 자신을 되찾으려면 감정을 명확하게 자각하고 다소의 마찰이 생긴다 해도 자기 감정에 따라 행동해야 한다고 주장하는 전문가가 있다. 나 역시 감정을 확실히 자각하는 것은 중요하다고 생각하지만, 그것을 그대로 행동에 옮기는 것은 권하지 않는다.

자기 감정에 따라 행동하면 타인이나 조직과 부딪힐 일이 많다. 자기주장을 강하게 하거나 상대 요청을 거절함으로써 오히려 더 많은 스트레스에 노출될 수 있다. 그러므로 현재 자신이 어느 정도 감당할 수 있는지, 어느 정도로 확고한 신념을 가졌는지 판단하여 그에 걸맞은 수준에서 자기주장을 펼치는 편이 현명하다. 극심한 스트레스를 각오하면서까지 자기주장을 해야 하는 일은 분명 거의 없을 것이다.

앞에서 '좋고 싫음'을 분명히 하는 것에서 출발하라는 이야기를 했다. 물론 인간관계에서 '이 사람이 싫다'는 말은 금기나 마찬가지다. 그런데 '싫다'는 기분을 애매하게 얼버무리며 상대를 대하면 상대 페이스에 휘둘리기 쉽다. 한편 '싫다'는 자신의 마음을 확실하게 인식한 상태로 상대를 접하면, 눈에는 보이지 않는 '적정한 선'을 긋고 행동하게 되어 관계의 주도권을 쥘 수 있다.

회사생활을 원만하게 이어가려면 싫어도 해야 하는 일이 많다. 이때도 '싫다'는 자기 감정을 모른 척하지 말고 제대로 의식해야 한다. 무엇보다 이런 감정을 얼버무리며 이 감정과 반대되는 행동, 즉 '자기가 나서서 떠맡는' 행동을 해서는 안 된다. 하고 싶지 않아도 꼭 해야 한다면 일에 새로운 의미를 부여하는 식으로 자기 나름대로 마음의 정리를 하는 일이 필요하다.

이를테면 대하기 힘든 상사의 잔소리를 '이것도 월급의 일부'라고 받아들이면 어떻게든 그 순간을 넘길 수 있다. '인내력을 길러주는 상사'라고 의미를 부여하면 잔소리가 고마운 가르침이 될 수도 있다. 명확하게 의식하고 새로운 의미를 부여함으로써 '싫다'는 생각이 들어도 '그래도 해야지'라는 마음으로 정리되는 것이다.

◆ ◆ ◆

자기 신뢰의
행동을 쌓아간다

있는 그대로의 모습을 유념한다

자신감에는 크게 두 종류가 있다. 하나는 '○○를 할 수 있다'는 자신감이다. 이것은 한정적 영역에서의 자신감이다. 이를테면 '학교 공부를 잘한다'는 것은 사회생활의 자신감과 직결되지 않는다. 외모로 '이성을 유혹할 수 있다'는 자신감은 업무 능력에 대한 자신감으로 연결되지 않는다. 자기가치감과의 관계로 말하자면, 이런 자신감은 상황적 자기가치감과 연결된다.

또 다른 자신감은 '자신을 신뢰한다'는 자신감이다. 다시 말해 '○○를 할 수 있다'라거나, 신체적 매력이 있다는 것과는 무관하게 자기 존재 자체로 자신을 신뢰하는 것이다. 이것이 기저적 자기가치감을 강화하는 자신감이다.

자기 신뢰라는 근본적 자신감을 가지려면 자신을 신뢰하는 행위를 쌓아가야 한다. 구체적으로는 다음과 같은 행동이다.

▸ 허세를 부리지 않는다

무가치감이 강하면 자신을 더 좋게 보이려고 무심코 허세를 부리기 쉽다. 예를 들면 모르는데 아는 척한다거나, 무리하게 강한 척하고 나중에 후회하기를 반복한다. 사실은 힘든데 괜찮다고 말한다. 허세를 부린다는 것은 있는 그대로의 자신을 신뢰하지 않는다는 뜻이다.

▸ 자기방어 태세를 푼다

무가치감이 강하면 나중에 상처받을 것이 두려워서 무의식중에 자기방어 자세를 취한다. 이를테면 업무에서는 '나중에 비난받지 않도록' 미리 변명하고, '실패해도 자기가치감이 다치지 않도록' 처음부터 도망칠 곳을 만들어둔다. 인간관계에서는 상대를 이해하려 하기보다 일단 무시하려고 준비한다.

자신의 약한 부분까지 받아들이고 드러내는 것이 진정한 자기 신뢰다.

▸ 임시방편적 행동을 하지 않는다

현재의 긴장감을 견디기 힘들어서 무심코 임시방편적 행동을 할 때가 있다. 이를테면 업무상 문제가 생겨서 좀처럼 담당자가 정해지지 않는 상황에서 "그건 제가 나중에 처리하겠습니다"라고 말하는 식이다. 그런 행동은 겉보기와는 반대로 자신을 깎아내리는 일이다. 자신을 타인과 동등한 위치가 아닌 희생자 위치에 두기 때문이다.

그 자리를 넘기기 위한 임시방편적 태도를 보이지 않는 것이 타인과 자신을 동일한 위치에서 신뢰하는 일이다.

▶ 회피 행동을 하지 않는다

상처받을 것이 예상되는 상황을 직면하고 싶지 않아서 회피 행동을 하는 경우가 있다. 예를 들면, 구실을 만들어 직장 회식에 빠지거나 퇴근길에 동료와 함께 전철을 타지 않으려고 일부러 늦게 나가는 식이다.

회피 행동은 일시적인 구원이 된다. 그러나 빈번하게 사용하면 사교적 능력이 낮아져서 사람들과 함께 있는 것이 한층 더 스트레스로 느껴진다.

회피 행동을 하면 그 행동을 정당화하려는 심리가 발동한다. '회식은 쓸모없는 시간', '사실 그 동료도 나와 함께 전철을 타고 싶어 하지 않을 것'이라고 생각하는 것이다. 그러나 그런 정당화는 자기기만이라는 의식도 마음 한구석에 있기에 자기혐오가 피어난다. 회피 행동을 선택한 자신이 비참해진다.

다소 괴롭더라도 자기 성장의 기회라 생각하고 맞서보자. 만약 지금의 자신에게는 너무 힘든 일이라는 생각이 들면, 우선 자신이 '회피 행동을 하는 것'이라고 명확하게 인식하는 데서 시작해본다. 그러면 현실에서 도망친다는 자책감 대신 그것을 자신의 과제로서 인식할 수 있다.

부정적 사고를 긍정적으로 바꾸는 방법

자기 신뢰는 자신의 힘과 미래에 대한 신뢰다. 그것은 삶의 희망이 되어 낙관적인 태도로 이어지고, 어려움을 극복하는 힘이 된다.

한편, 비관주의나 자기 능력에 대한 의심은 자기 신뢰와는 반대 방향의 벡터를 가지므로 잠재능력을 발휘하는 데 방해가 된다. 외부 세계와 내가 팽팽하게 맞설 때 아군 중 한 명이 반대 방향으로 힘을 쓰는 셈이다. 이 상태로는 이길 수가 없다.

똑같은 능력이 있어도 자기 신뢰 여부에 따라 성과가 다르다. 운동선수가 부정적인 생각을 지우고 긍정적으로 사고하는 훈련을 하는 것도 이 까닭이다.

① 부정적 사고 인지하기

부정적 사고를 긍정적 사고로 바꾸려면, 우선 부정적 사고를 알아채야 한다. 부정적 사고는 무의식중에도 발생하여 반사적으로 부정적인 감정을 유발한다. 이를테면 아침에 일어났는데 왠지 기분이 가라앉는다고 하자. 그건 '오늘 시작하는 새 프로젝트가 힘들 것'이라는 생각 때문일 수 있다. 그러나 그 생각은 순간적으로 지나가서, 침울한 기분이 그것 때문이라고 깨닫지 못하는 경우가 많다. 우리가 평소 어떤 부정적 사고를 하기 쉬운지 알아두면 이런 사고를 자각하는 데 유용하다.

▶ **비관적 예측**: 근거 없이 비관적으로 예측한다. 예를 들어, 전화가 울리자마자 '내 업무에 관련된 클레임일 것'이라고 생각하는 식이다.

▶ **타인의 마음에 대한 추측**: 타인의 마음을 부정적으로 추측한다. 예를 들면, 업무상 메일 회신이 늦어지는 상황에서는 '상대가 나를 곤란하게 만들기 위해 답을 하지 않는 것'이라고 생각하는 것이다.

▶ **자신과 관련짓기**: 근거도 없이 자신과 관련된 일이라고 생각한다. 예를 들어, 동료가 시선을 내 쪽으로 향하고 담소를 나누고 있으면 '내 험담을 하는 것', '나를 비웃는 것'이라고 받아들이는 것이다.

▶ **과도한 일반화**: 지극히 제한된 체험을 부당하게 일반화한다. 업무상 실수를 한 번 하고 나서 '내게는 업무 능력이 없다', '이 회

사에서 잘 해나갈 자신이 없다'라고 생각하는 식이다.

▶ **선택적 추출:** 사물의 다양한 측면 중에 부정적인 면에만 집착한다. 기획 발표 자리에서는 많은 사람 가운데 표정이 흐리거나 고개를 갸웃거리는 등 부정적으로 반응하는 사람만 눈에 들어온다.

▶ **과대평가와 과소평가:** 부정적인 것은 과대하게 평가하고, 긍정적인 것은 과소하게 평가한다. 일이 조금만 잘 풀리지 않으면 '다 망했다'라고 생각하고, 일이 잘 마무리됐을 때는 '그 정도로 잘되지는 않았다'라고 생각하는 식이다.

② 긍정적 사고로 대치하기

부정적 사고를 인식하면 그것을 긍정적 사고로 바꾼다. 여기서 부정적 사고는 비합리적 사고, 긍정적 사고는 합리적 사고를 말한다. 긍정적 사고란 근거 없는 낙관적 사고와는 다르다

이를테면, 전화가 울릴 때 '내 업무에 대한 클레임이다'라고 생각하는 것은 아무 근거도 없는 비합리적 사고다. '전화를 받아보지 않으면 무슨 전화인지 모른다'고 생각하는 것이 합리적 사고다. 동료에게 메일 회신이 늦어

지는 것을 자신에 대한 악의라고 생각하는 것은 비합리적이다. 그 동료가 다른 일로 바쁠지도, 그저 깜빡 잊고 있을 뿐인지도 모른다. 또 회신하기 위해 여러모로 알아보는 중일 수도 있다.

자신의 침울한 기분을 알아채고 그 원인에 있는 부정적 사고를 버리기만 해도 기분이 달라진다. 앞에서 다룬 예시 상황이라면 '오늘부터 새로운 프로젝트다!'라는 생각이 들며 기운이 난다.

자기가 빠지기 쉬운 부정적 사고를 자각하고 합리적으로 사고하는 경험을 늘리면 부정적 사고 경향에서 벗어날 수 있다. 자기 기분을 언제나 쾌적한 상태로 유지하는 것이 가능해지는 것이다.

칭찬을 순수하게 받아들이기

무가치감이 강한 사람은 자신을 과소평가할 뿐만 아니라 자기 일의 완성도도 과소평가한다. 그래서 완성도를 칭찬받아도 '예의상 하는 말'로 받아들인다. 스스로 자기 일의 완성도를 낮게 평가하면 그 자체로 마음이 무거워지며 작업이 진행되지 않는다.

미국에 있을 때의 일이다. 귀걸이를 한 초등학교 5학

년 여학생에게 "멋지네"라고 이야기했더니, 그 학생은 쑥스러워하는 기색 없이 "감사합니다"라고 웃으며 답했다. 이런 자세가 미국 아이들의 자신감과 연결되어 있다고 생각한다.

칭찬을 받으면 '고맙습니다' 하고 솔직하게 받아들여보자.

작은 성공을 쌓아간다

운동선수는 고된 훈련을 반복하여 기술을 몸에 익힌다. '이만큼 연습했으니 실력을 제대로 발휘하기만 하면 괜찮을 거야'라는 생각이 들 때까지 연습한다. 연습은 자기 능력을 키움으로써 자신에 대한 신뢰를 얻기 위한 것이다.

마음에도 연습이 필요하다. 할 수 있는 것부터 하나씩 연습해가며 '해냈다!'라고 느끼는 경험을 쌓아야 자기 신뢰에 도달할 수 있다.

상황별 적절한 셀프 토크로 자신을 격려해주자.

"있는 그대로의 내 모습으로 해보자."
"자연스러운 내 모습으로도 충분해."
"내게는 힘이 있어."

"나를 믿어보자."

잘했다는 생각이 들면 자신을 칭찬해주자.

"잘했어!", "훌륭해!", "좋아, 좋아!"

심리학에서는 이를 자기 강화라 한다.

의미 없는 자기 위로가 아니다.

당신에게는 '존재의 가치'가 있다.

자기 자신을 칭찬해주고 싶은 마음이 자연스럽게 든다면, 당신은 무가치감에서 벗어난 것이다.

X(옛 트위터)에 무가치감이나 낮은 자기긍정감에 관한 고민이 자주 올라온다. 고민을 표현하고 공유하는 장소는 '나만 그런 게 아니네'라고 생각하게 하여 위안이 된다. 그러나 무가치감에 괴로워하는 본인도, 그들을 지지해주고 싶은 사람들도 해결 방법을 찾는 데 어려움을 겪는다.

무가치감에서 빠져나와 자기긍정감을 얻으려면, '인격적 가치'와 '사회적 가치'라는 두 종류의 자기 가치가 있음을 확인하고, 인격적 가치를 중시해야 한다.

인격적 가치(내면적 자기 가치)란 노력가, 강한 인내심, 성실함, 배려, 다정함, 헌신, 공감, 자제력, 공평, 용기, 유머 등 개인적 측면이다. 그리고 사회적 가치(외면적 자기 가치)는 업적, 평판, 학력, 지위, 직업, 수업, 자격 등 사회적 측면이다.

무가치감의 괴로움은 자기 가치가 사회적 가치에 지

나치게 편중된 데서 기인한다.

인격적 가치야말로 우리의 본질적 가치다. 사회적 가치는 그 부산물에 지나지 않는다. 사회적 가치는 인격적 가치로 달성되기 때문이다.

그저 듣기 좋은 말을 하는 것이 아니다. 실제로 큰 성과를 거둔 사람은 거의 모두가 성과 그 자체보다 자신이 쏟아부은 노력을 자랑스럽게 여긴다. 인생 종말기를 맞은 내가 진정 자랑스러워하는 것은 역경에서 포기하지 않고 노력해왔다는 사실이다.

지금 사회적 가치를 추구해도 당장은 빛을 보지 못할 수 있다. 사회적 가치는 단기간 달성되는 것도, 자기 의지와 노력만으로 얻어지는 것도 아니다.

그러나 인격적 가치는 지금부터 찾을 수 있다. 곁에서 의지가 되어주는 사람에게 "고마워"라고 말하고, 타인에게 상냥할 수 있다. 성실하고 착실하게 자기 역할에 임할 수 있다.

지금 자신이 할 수 있는 일을 하면 된다. 힘들지만 그래도 힘을 내서 열심히 하고 있다고, 자신을 칭찬해주자.

그것을 발판 삼아 할 수 있는 것들을 늘려나가면 된다.

인생 마지막에 남는 것은 인격적 가치다. 이 사실을
염두에 두고 장기적 안목으로 자기 나름의 목표를 설정해
서 희망을 품고 앞으로 나아가기를 바란다.

참고 문헌

- 오카다 다카시,《나는 상처를 가진 채 어른이 되었다》, 김윤경 옮김, 프런티어, 2014

- 다카가키 주이치로,《어쨌거나 괜찮아》, 홍상현 옮김, 나름북스, 2018

- 너새니얼 브랜든,《나를 존중하는 삶》, 강승규 옮김, 학지사, 1994

- 네모토 기쓰오,《자신감이 생기지 않는 이유―자기가치감의 심리학(なぜ自信が持てないのか―自己価値感の心理学)》, PHP新書, 2007

- 네모토 기쓰오,《'좋은 사람' 증후군―보상적 자아로 살아가다(「いい人に見られたい」症候群―代償的自己を生きる)》, 文春新書, 2009